"(...) Um homem toma posse de si mesmo por meio de lampejos, e muitas vezes quando toma posse de si não se encontra nem se alcança. (...)"

A. Artaud, *Carta para Jacques Rivière* em 25 de maio de 1924

Coleção Lampejos

©n-1 edições 2019 / Hedra

A contracultura, entre a curtição e o experimental
Celso Favaretto

©n-1 edições 2019

coordenação editorial   Peter Pál Pelbart e Ricardo Muniz Fernandes
direção de arte   Ricardo Muniz Fernandes
preparação   Tiago Ferro
projeto da coleção/capa   Lucas Kröeff
ilustração/alfabeto   Waldomiro Mugrelise
coedição   Jorge Sallum e Felipe Musetti
assistência editorial   Luca Jinkings e Paulo Henrique Pompermaier
ISBN   978-65-81097-03-5

Grafia atualizada segundo o Acordo Ortográfico da Língua
Portuguesa de 1990, em vigor no Brasil desde 2009.

Direitos reservados em língua
portuguesa somente para o Brasil

n-1 edições
R. Frei Caneca, 322 (cj 52)
São Paulo-sp, Brasil

Celso Favaretto
A contracultura,
entre a curtição
e o experimental

O livro como imagem do mundo é de toda maneira uma ideia insípida. Na verdade não basta dizer Viva o múltiplo, grito de resto difícil de emitir. Nenhuma habilidade tipográfica, lexical ou mesmo sintática será suficiente para fazê-lo ouvir. É preciso fazer o múltiplo, não acrescentando sempre uma dimensão superior, mas, ao contrário, da maneira mais simples, com força de sobriedade, no nível das dimensões de que se dispõe, sempre n-1 (é somente assim que o uno faz parte do múltiplo, estando sempre subtraído dele). Subtrair o único da multiplicidade a ser constituída; escrever a n-1.

Gilles Deleuze e Félix Guattari

CELSO FAVARETTO é licenciado em Filosofia, mestre e doutor pela FFLCH-USP na área de estética, livre-docente pela Faculdade de Educação da USP. Atualmente aposentado, é professor-colaborador no Programa de Pós-Graduação em Filosofia da FFLCH e no de Educação da FEUSP. Autor dos livros *Tropicália, Alegoria Alegria* (Kairós, 1979; 4. ed. Ateliê Editorial, 2008) e de *A Invenção de Hélio Oiticica* (1992; 2. ed. Edusp, 2000, com reimpressão em 2015); de ensaios e artigos sobre arte contemporânea e educação.

A contracultura, entre a curtição e o experimental[1]

1. Texto publicado anteriormente em MODOS - *Revista de História da Arte*, v. 1, n. 3, set/dez 2017.

A partir dos anos 1950, simultaneamente a grandes transformações políticas, econômicas, tecnológicas e culturais, a produção artística respondeu a seu modo aos desafios tecnológicos, políticos e ideológicos que tensionavam o país, compondo projetos de renovação artística e cultural voltados à efetivação da modernidade. Até o final dos anos 1960, as diversas tendências experimentais haviam transformado a paisagem da arte brasileira, tanto em termos formais quanto em relação a posicionamentos ético-estéticos. Com a promulgação do Ato Institucional n° 5 (AI-5), em 13 de dezembro de 1968, o processo artístico-cultural, tal como vinha se desenvolvendo nas décadas anteriores, foi em grande parte inviabilizado; a vigorosa atividade que tensionava as relações entre experimentalismo e política, vanguarda e participação, foi interrompida com o recrudescimento da censura, com as prisões e o exílio, forçado ou não, de muitos artistas.

A passagem da década de 1960 para a de 1970 foi marcada por esse acontecimento – um duro golpe sobre projetos e ações políticas e artístico-culturais, sobre verdades e ilusões que mobilizaram o desejo e o empenho de transformação social, às vezes compondo atitudes radicais de resistência. Sob esse ponto de vista, a década de 1970 se iniciou sob o signo de uma grande derrota. A expressão "vazio cultural" foi aplicada naquele momento por uma certa vertente crítica exatamente para indicar a impossibilidade de continuidade ou a inadequação daqueles projetos de transformação. Contudo, a expressão, que se tornou corrente, só dava conta de um lado do que acontecia – a interrupção do extraordinário trabalho coletivo de comprometimento com os imperativos da justiça e da liberdade –, sem fornecer a devida atenção a algo diverso também voltado para o mesmo interesse – a passagem da crítica social e política do tema aos procedimentos, pondo em destaque as virtudes da invenção; uma mudança na representação política, advinda inclusive em decorrência do balanço crítico que começava a ser feito dos ideais, das estratégias e das ilusões políticas claras ou implícitas nos processos artísticos e culturais do período que findava.

Assim, é preciso assinalar o outro lado da questão: desde o momento tropicalista surgiam manifestações culturais diferenciadas, alternativas, que se estenderam aos anos 1970. Contracultura, marginalidade, curtição e desbunde foram designações que pretendiam dar conta de uma produção variada e dispersa, embora constituindo uma trama feita de alguns tópicos comuns – que se distinguia daqueles da maioria dos projetos anteriores, principalmente pela ênfase então atribuída aos aspectos comportamentais, à emergência do corpo como espaço de agenciamento das atividades, aparentemente sem conotação política, desde que o modo como até então se fazia a arte política fosse tomado como modelo. A proposição de uma "nova sensibilidade", que se compunha com uma certa concepção de "marginalidade" em relação ao sistema sociopolítico e artístico-cultural, aparecia como motivação básica daquelas manifestações – o que implicava mudança acentuada da ideia e das práticas de participação desenvolvidas na década de 1960. Nova sensibilidade e marginalidade articularam-se frequentemente ao experimentalismo nas atividades artísticas e na atividade crítica. É da intersecção desses conceitos operacionais,[2] identificadores das manifestações alternativas em geral, que surgiram as mais expressivas produções culturais da primeira metade dos anos 1970, que, aliás, não deixavam de se opor à ditadura civil-militar, portanto de afirmarem um outro modo do político.

Essa atividade multifacetada convivia com o fato de que o sistema da arte estava em pleno de-

2. Cf. Silviano Santiago, "Abutres: a literatura do lixo", *Revista Vozes*, ano 66, v. LXVI, n. 10, Petrópolis, Vozes, 1972, p. 21. Rep. em *Uma literatura nos trópicos*, São Paulo, Perspectiva, 1978 (Debates-155).

senvolvimento, em consonância com o expressivo incremento da indústria cultural – em parte articulada às iniciativas da política oficial, que, por meio de um programa de ação cultural e da proposição de uma política nacional de cultura, centradas na perspectiva de modernização conservadora, visava tanto um relacionamento com os meios artísticos e intelectuais quanto ao aproveitamento das novas possibilidades técnicas para a efetivação das ideias de cultura nacional e identidade cultural. Várias análises a respeito da produção cultural dos anos 1970 destacaram prioritariamente questões referentes à consolidação de um mercado de bens simbólicos e também à concepção oficial de política cultural e seus desdobramentos institucionais.[3] Parte significativa das análises da produção artística do período situou-se no horizonte dessas questões, ora tematizando as transformações provocadas pela crescente importância dos meios de comunicação de massa, ora os impactos da censura e da repressão do regime sobre a produção artístico-cultural, ora as repercussões no trabalho universitário das direções teórico-críticas provenientes do estruturalismo francês e suas

---

3. Sérgio Miceli (org.), *Estado e cultura no Brasil*, São Paulo, Difel, 1984; Renato Ortiz, *A moderna tradição brasileira*, São Paulo, Brasiliense, 1988.

consequências em vários setores, especialmente no jornalismo cultural e na crítica de arte.

Respondendo às novas condições da sociedade, especialmente ao alinhamento do país à lógica cultural da sociedade de consumo, a complexa e variada produção artística, passa a incluir, sem preconceitos, como elemento constitutivo de experimentações, teorizações e da crítica, pressupostos, regras e técnicas da indústria cultural. Institucionalização da cultura, consumo e experimentação, especialmente quando pensados – nas artes plásticas, por exemplo – em relação a obras ou manifestações efêmeras, conceituais e comportamentais, evidenciaram problemas ético-estéticos – além dos simplesmente técnicos, de realização, distribuição ou exibição – que questionaram a tentativa de constituição de um sistema da arte, especialmente de um emergente mercado, que logo se mostraria inconsistente. Ao mesmo tempo, tal composição iria discutir a viabilidade, a eficácia crítica e o poder de resistência de toda a produção que se queria alternativa.

Portanto, foi ao lado de iniciativas culturais oficiais mobilizadoras de um conjunto de agências, como Instituto Nacional do Cinema (INC), Embrafilme, Funarte, Pró-Memória etc., e também do desenvolvimento de um mercado de arte e de manifestações variadas não articuladas diretamente às direções acima, que surgiram as manifestações culturais alternativas, particularmente as contraculturais, da curtição, ou desbunde. Na verdade, essas designações recobriam uma gama muito elástica de manifestações culturais, artísticas e comportamentais; modalidades e formas diversas de produção alternativa, nas artes, no jornalismo, nos movimentos sociais. Importa, assim, ressaltar a produção de artistas e pensadores que geraram um espaço de reinvenção situando-se nas margens ou à margem do sistema artístico e social – sempre em busca de um lugar fora da negociação com as instâncias estabelecidas –, em parte desenvolvendo atividades culturais e experimentações provenientes das décadas anteriores, seja ressignificando as ações políticas seja explorando as possibilidades técnicas dos novos meios e linguagens, às vezes novamente tentando articular transformações das linguagens e resistência política.

A produção artístico-cultural dos anos 1970, longe de um suposto vazio, instaurou um processo extensivo de invenção, que incluiu a reelaboração das experiências anteriores, à margem da política oficial de cultura e da indústria cultural. As manifestações de cultura alternativa, particularmente a direção contracultural, configuraram, entre o final da década de 1960 e meados da de 1970, uma atitude e ações de grande vitalidade, em que se percebia uma descrença em relação ao alcance revolucionário da arte propugnado na década anterior, afirmando outras formas de modos de assimilação e mesmo de militância política.

* * *

O estado da cultura brasileira no início da década de 1970, com destaque para as experiências contraculturais, precisa ser esclarecido, para que se possa considerar que o período não foi o do vazio cultural, mas repleto de outras significações culturais, artísticas e políticas de fronteira, interessadas em novas formas de subjetividade. Entre 1971 e 1974, a revista *Visão*, por meio de entrevistas com intelectuais e artistas relevantes, detectou sintomas de uma "crise da cultura brasileira" e, a partir daí, fez em números sucessivos um diagnóstico dos "impasses da cultura", tanto investigando as razões da crise quanto possíveis saídas do que entendia como "vazio cultural que vinha tomando conta do país desde a edição do AI-5 e o incremento da censura".[4] Na primeira matéria, de 5 de julho de 1971, apareceu a expressão "vazio cultu-

---

4. "A crise da cultura brasileira", *Visão*, 5 jul. 1971, p. 52.

ral" – que, como foi informado posteriormente,[5] fora cunhada por Zuenir Ventura – em contraposição aos sucessos na economia, assim entendia os "impasses da cultura":

O desaparecimento da temática, da polêmica e da controvérsia na cultura, a evasão dos nossos melhores cérebros, o êxodo de artistas, o expurgo nas universidades, a queda na venda dos jornais, livros e revistas, a mediocrização da televisão, a emergência de falsos valores estéticos, a hegemonia de uma cultura de massa buscando apenas o consumo fácil.[6]

É interessante comparar esse diagnóstico a dois outros: um de 1º de março de 1967 que, em plena efervescência artística e política, identificando a imbricação de ênfase experimental e participação política que acontecia no teatro, na música popular, no cinema, nas artes visuais e na literatura, assim informava o diagnóstico geral do percurso da arte brasileira nos anos 1960:

Logo depois de 1964, a primeira reação da arte brasileira foi rebelar-se e constatar uma situação que a deixara perplexa; em seguida foi reformular o processo de

---

5. Elio Gaspari; Heloisa Buarque de Hollanda; Zuenir Ventura, *Cultura em trânsito: da repressão à abertura*, Rio de Janeiro, Aeroplano, 2000. No livro foram coligidos artigos dos autores no período 1971-86.
6. *Visão*, 5 jul. 1971, p. 52.

conscientização e de análise da nova realidade; e a terceira foi violentar, destruir, chegar ao zero para tentar então reconstruir.[7]

Nessa trajetória eram destacadas as ambiguidades e contradições das posições de artistas e de projetos artístico-culturais que se construíam tendo em vista a retomada da pesquisa inaugurada pelo modernismo de 22 de "descoberta do Brasil", colocando em debate a contradição entre uma "tentativa de volta às origens, no momento em que a internacionalização se torna cada vez mais uma contingência econômica, sociológica e política inexorável" e a desmistificação dessa posição nas atividades artísticas, na "arte suja" que se fazia na ocasião. Na edição de 24 de março do mesmo mês, a matéria "A cultura posta em questão", discutindo um documento oficial – o "Diagnóstico Preliminar da Cultura" – e ouvindo artistas e produtores musicais, discutia as "condições extraordinárias" do governo Costa e Silva "para realizar um programa de alto alcance nacional", que a partir do diagnóstico, considerava "que a atividade cultural deve sair do estágio espontâneo em que se encontra,

---

7. "As marcas da inocência perdida", *Visão*, 1º mar. 1967, p. 46.

no caso de um país subdesenvolvido".[8] O diagnóstico, ao propor uma visão otimista do estado de cada área artística, das bibliotecas, televisão e editoras, era contraposto na matéria às dificuldades colocadas pela censura, em contradição com o pretendido avanço cultural comandado pelo governo. Mas a resposta das artes foi outra, como se sabe. De fato, das proposições do CPC da UNE, emblemáticas de um modo de radicalização do social e do político nas artes, até as atividades irreverentes dos tropicalistas do final da década, todas, em sua diversidade e mesmo em desacordo, manifestavam uma unidade de ação sintomática, contra os cálculos do regime e, particularmente, contra a censura e a repressão política e social.

Só para se ter uma ideia do que é preciso levar em conta para se pensar as variadas estratégias que provinham da intersecção do estético com o político no final dos anos 60, alvo imediato da repressão do regime com a edição do AI-5, basta relembrar produções mais significativas surgidas no incrível ano de 1967 – que se estenderam no ano seguinte e deram origem a outras em diversas direções. O filme *Terra em transe*, de Glauber Rocha; a encenação de *O rei da vela* pelo Teatro Oficina

---

8. "A cultura posta em questão", *Visão*, 24 mar. 1967, p. 47.

de José Celso Martinez Corrêa; e de *Arena conta Tiradentes* no Teatro de Arena de Augusto Boal; o tropicalismo do grupo baiano; a exposição *Nova objetividade brasileira*, onde aparece *Tropicália*, a emblemática manifestação ambiental de Hélio Oiticica; os livros *PanAmérica*, de José Agrippino de Paula, *Quarup*, de Antonio Callado e *Pessach: a travessia*, de Carlos Heitor Cony. Nestas obras, os signos da complexa situação cultural – em que referências das culturas populares, inovações das práticas artísticas de vanguarda, cada vez mais assimilados pelos processos da indústria cultural em franco desenvolvimento – articulavam projetos e ações culturais de resistência às iniciativas oficiais da política cultural.

Assim, entende-se que a proposição do vazio cultural foi fundada na suposição de ausência, nos anos 1970, do fervor criativo e da crítica social da forma que o período parecia evidenciar. Entende-se também, porque, devido à potência crítico-criativa daquele período, e a expectativa de retomada do mesmo impulso, ainda que dificultada pela censura, não aparecia no diagnóstico de Zuenir Ventura, a possibilidade de a contracultura ser também considerada uma das variáveis das tentativas de superação dos impasses apontados, certamente porque suas proposições não se coadunavam com o que se esperava como enfrentamento do suposto vazio. De fato, a revista *Visão*, continuando a discussão sobre os impasses da cultura, na importante edição de 11 de março de 1974, com o título "Da ilusão do poder a uma nova esperança", abria a matéria com uma incisiva proposição:

Ao contrário da economia e tanto quanto a política, a cultura brasileira viveu nesses dez anos alguns de seus momentos mais dramáticos e sofridos. Caminhando da onipotência à impotência, do choque à apatia, dividida entre os apelos fáceis do conformismo e o seu compromisso crítico, a criação intelectual atraiu ódios e suspeitas, e mergulhou no vazio e na fossa. Agora, amadurecida pelo sofrimento, busca de novo a vontade, abre-se ao diálogo e alimenta-se de uma esperança: a de que a liberdade tantas vezes invocada lhe seja restituída: não como um favor concedido, mas como direito adquirido, como atributo natural do pensamento.[9]

Em suas quatro seções, "A perda da ilusão", "A perda da inocência", "A perda da vontade" e "A volta do querer", tratava da rememoração da derrota de 1964 com a perda das apostas no poder transformador da arte; em seguida a reconstrução a partir de 1965 das formas de participação e de

---

9. "Da ilusão do poder a uma nova esperança", *Visão*, 11 mar. 1974, pp. 137-55.

protesto pelo exercício das ousadias experimentais que aliavam crítica política e crítica moral com a proposição de uma arte-ação transgressiva, chocante e violenta; depois do AI-5, o desânimo pela cessação dessa atividade repleta de paixão toda feita de rupturas artísticas, estariam sugerindo "indícios esparsos", ou possibilitando o vislumbre de "sensíveis modificações de atitude", fruto de um processo de auto-análise da cultura que estava produzindo aos poucos o abandono da lamentação das derrotas e a autopiedade quanto às contingências das tentativas de reação à violência e violentações da ditadura, especialmente crítica das estratégias amparadas em equívocos na análise da situação. Mas nenhuma menção se fazia, nesses "indícios esparsos", da atividade contracultural que tomava impulso desde 1969.

Mas o próprio Zuenir Ventura, no artigo "A falta de ar", de agosto de 1973, ao considerar que o vazio cultural era na *verdade* um "vazio cheio", pela primeira vez cita a contracultura como uma manifestação cultural ativa no período. Ao perguntar sobre do quê estaria sendo preenchido o vazio, distingue as seguintes vertentes culturais: "uma cultura de massa digestiva, comercial, de simples entretenimento"; "uma contracultura buscando nos subterrâneos do consumo, mas frequentemente sendo absorvida por este, formas novas de expressão e sobrevivência"; "uma cultura explicitamente crítica, tentando olhar a realidade política e social imediata".[10] Apesar das ressalvas, pode-se acentuar que o artigo indica uma percepção de aspectos fundamentais da experiência contracultural: é "subterrânea" (que é a designação mais apropriada, segundo Hélio Oiticica, a essa cultura da divergência); indica "formas novas de expressão" (com que se pode entender as singulares manifestações artísticas dos novos modos da experimentação deslocados pela ênfase nos comportamentos) e "novas formas de sobrevivência" (que indica a aposta dos protagonistas da contracultura na eficácia da nova sensibilidade, dos novos comportamentos, dos novos valores, opostos e resistentes aos da vida burguesa e da sociedade industrial).

***

Fenômeno híbrido e complexo, em parte confluindo e sendo expressão local do *underground* norte-americano, essas manifestações contraculturais eram ambivalentes, oscilavam entre comportamentos neorromânticos, e outros que articulavam

---

10. Elio Gaspari et al. (orgs.), op. cit., pp. 59-60.

uma nova sensibilidade contracultural ao experimentalismo artístico dos anos 1950 e 1960. Essas vertentes foram abertas pelas experiências radicais que configuraram um "momento tropicalista" da cultura brasileira, emblematizado basicamente na atividade tropicalista dos músicos baianos, do Oficina e de outras manifestações correlatas; na antiarte ambiental de Hélio Oiticica. Poesia, música, cinema, teatro, artes plásticas, literatura, jornais, revistas, livros, compunham uma produção dispersa e multifacetada, que não deixava de ser a seu modo uma contestação ao Brasil do milagre econômico. Pode-se falar, assim, genericamente, de um pós-tropicalismo, sem que a expressão guarde relação imediata com o pós-modernismo que aos poucos se irradiava em consonância com a afirmação em toda parte da lógica cultural do capitalismo avançado. Pertencente a uma direção mais ampla de cultura e resistência à ditadura, a "cultura alternativa", que se expandiu durante toda a década de 1970 abrigando tanto manifestações associadas ao *underground* quanto a produção de jornais e revistas, como *Opinião*, *Movimento*, *Ex-*, esse pós-tropicalismo, representa então um tipo de produção artística aliada a posições culturais e comportamentos que privilegiavam as "vivências", a vida cotidiana, a arte fora dos registros consagrados, enfim, tudo que poderia ser considerado marginal à cultura estabelecida, da antiarte de Hélio Oiticica, das proposições artístico-terapêuticas de Lygia Clark, de produções informadas pela poesia concreta, pela onda do conceitualismo, da arte pobre e da arte do corpo.[11]

Portanto, trata-se de pensar a especificidade da experiência contracultural no horizonte mais amplo da cultura alternativa. Precisamente: em quais produções artísticas pode-se flagrar modos de articulação do experimentalismo dos anos 1960, especialmente aquele do tropicalismo, aos rituais da nova sensibilidade contracultural, às condições então surgidas do circuito de arte, ao jogo com o mercado e, finalmente, a uma certa significação política que se diferencia daquela dos anos 1960.

Importa, assim, discutir a interpretação sobre essa produção, particularmente a contracultural, feita por Luciano Martins em 1979, que ficou consagrada no ensaio "A Geração AI-5", em que reiterando a ideia de "vazio cultural", afirmou que aquela contracultura teria se manifestado em agrupamentos da juventude oriundos de segmentos das classes médias dos grandes centros urbanos,

---

11. Cf. nota introdutória de *Arte em Revista*, n. 5, São Paulo, Kairós/CEAC, 1981, pp. 3-4.

por um comportamento de caráter reativo, alienante e a-político, de oposição ao autoritarismo político e à crise família:

> A proposição geral deste ensaio é a de que tais valores, práticas e comportamentos, que são vividos como contraculturais, acabaram por se transformar, em virtude dos equívocos sobre os quais se assentavam, num anti-projeto de liberação; mais: constituem uma expressão da alienação produzida pelo próprio autoritarismo e, ao mesmo tempo, são também instrumentos de alienação.[12]

Para ele, três fenômenos expressariam, pela construção de tipos ideais, que compareceriam, isolados ou em intersecção, com frequência e intensidade diversas em contextos e experiências diferentes, a sua caracterização da contracultura: o uso de drogas, a desarticulação do discurso e o modismo da psicanálise.[13] Tais fenômenos negariam a noção de sujeito em favor da "exacerbação da subjetividade", sem atacar os valores propugnados pelas práticas autoritárias. Ao reiterar as possibilidades de que o uso de drogas, transformado em "culto da droga", não ter servido efetivamente

---

12. 12 Luciano Martins, "A geração AI-5 (Um ensaio sobre autoritarismo e alienação)", *Ensaios de Opinião -- 11*, Rio de Janeiro, Paz e Terra, set. 1979, p. 74.

13. Ibidem, p. 74.

para fins de "liberação pessoal" com a ampliação da percepção e de "rebeldia social", antes tenha desembocado em práticas de "evasão da realidade" e até de "autodestruição", com que se dava "denegação tanto da liberdade quanto da condição de sujeito", o sociólogo enfatiza que a contracultura teria ficado, a despeito de sua intenção libertária, refém dos "sentimentos de vazio e de impotência", servindo indiretamente a fins autoritários. Por sua vez, a desarticulação do discurso contribuiu para que a atitude significada por termos como "curtição", "barato", "cara" etc., fosse indicação da síndrome alienante "por revelar-se incapaz de usar a linguagem e de articular minimamente o pensamento", atingindo drasticamente as capacidades de expressão e cognitiva; uma espécie de afasia em tudo negadora de uma "visão de mundo", impossibilitando um posicionamento existencial e político antiautoritário. E o "modismo psicanalítico" é identificado como elemento da síndrome alienante porque a "expansão da psicanálise", que efetivamente ocorria naquele momento, teria decaído em práticas terapêuticas dela derivadas, como terapia de apoio, terapia corporal, terapia de grupo etc., que também mais contribuíram à "compulsão" de subjetivação que na formação de um sujeito consciente, ativante do processo de resistência aos autoritarismos, que supostamente estariam sendo criticados.

Sem dúvida, o autor aponta um dos lados da ambivalência constitutiva dos fenômenos tomados como tipos ideais de sua crítica da contracultura, não atribuindo valor ao que na experiência contracultural funcionava como princípios operacionais de uma nova posição, social, política, cultural e artística. Assim, em sua análise, nenhum indício ou sintoma de vontade de uma nova atitude referido por Zuenir Ventura estariam presentes na contracultura – pelo fato de as "pautas de comportamento que caracterizam esse universo se esgotarem ao nível da experiência quase inarticulada de seus atores; uma experiência meramente instintiva e que parece destituída de qualquer capacidade de reflexão sobre si própria enquanto experiência existencial". Além disso, diz ele:

O que se apresenta como contracultura não chegou (ou não chegou ainda) a ser captado por nenhuma obra-testemunho – na literatura, no cinema ou no teatro – que seja digna desse nome; quer dizer: de uma obra capaz de cristalizar o fenômeno e, ao mesmo tempo, a transcender seus aspectos imediatos através da captação de seu conjunto de significações.[14]

14. Ibidem, p. 76.

As expectativas e esperanças, na chave pensada por Zuenir Ventura, podem ser relativizadas e também pode-se fazer algumas ressalvas à posição crítica de Luciano Martins – apesar da sua importância para a compreensão dos impasses políticos, sociais e artísticos daquela época. Particularmente, as ressalvas se dirigem ao tipo de análise em termos de caracterização da modalidade específica da experiência contracultural e das categorias artísticas propostas para o entendimento das "obras" contraculturais. Ressalta-se que em sua especificidade, a experiência contracultural foi um fenômeno que não pode ser simplesmente caracterizado como reativo ou como uma "síndrome alienante", sem relevância para os dispositivos de abertura da cultura brasileira em vista da reconquista das liberdades subtraídas pelo regime autoritário. Foi, como aliás assinala Luciano Martins, entre outras coisas, "um primeiro instrumento de contestação de um regime (ou de uma ordem social) percebidos como violadores de um valor essencial".[15] Também não é possível situar as "obras" da contracultura no horizonte de expectativas da produção artística institucionalizada pelo sistema da arte e pelo mercado.

15. Ibidem, pp. 73-4.

Assim, a questão da contracultura precisa ser pensada por meio de outros vetores, sem se desprezar os citados como atuantes na formulação das experiências contraculturais. É preciso entender o que significava "marginalidade" no período em questão, algo distinto do que era o alternativo e, principalmente, entender na atividade artística, a origem cultural da direção imperante das artes daquele tempo: interessadas, de um lado, na desestetização como efeito do deslocamento da obra ao comportamento, inclusive com manifestações típicas de estetização dos comportamentos e, de outro, a abertura experimental das artes que poderiam incluir a ênfase no comportamento, mas ativaram forças desatadas pelas experimentações dos anos 1965-1968.

* * *

É possível detectar antes do tropicalismo, a partir de 1964, vários sintomas de uma atitude contracultural em que a designação é associada a manifestações que, genericamente, se opunham à chamada vida burguesa e às expressões artísticas vigentes, distanciando-se da relação imediata entre arte e vida cotidiana e configurando um estilo poético de vida. Pode-se destacar, em São Paulo, o movimento de "catequese poética", inventado e liderado por Lindolf Bell, do qual participavam Álvaro Alves de Faria, Carlos Vogt, Luis Roberto Benatti, entre outros; assim como os poetas de extração rimbaudiana e surrealista que apresentavam marcas da *beat generation*, como Roberto Piva, Claudio Willer, Antonio Fernando de Franceschi e Roberto Bicelli. No Rio de Janeiro, Hélio Oiticica, Lygia Clark e Lygia Pape, entre outros, logo depois da eclosão do neoconcretismo, colocavam claramente as ideias de vivência e participação no centro de suas proposições. Oiticica, particularmente, além disso articulava essas ideias à de marginalidade, desde a invenção do parangolé, fundante de uma concepção de antiarte, experimental à margem do sistema da arte. Nesses exemplos, e certamente em outros que poderiam ser rastreados em vários lugares, observa-se que outras experiências de contestação genérica ao sistema da vida burguesa e particularmente de oposição ao regime militar, diversas das manifestações críticas situadas no campo hegemônico de esquerda, tão bem radiografadas no ensaio de Roberto Schwarz "Cultura e política (1964-1969)",[16] podem ser assimiladas a uma larga atitude contracultural.

16. Roberto Schwarz, *O pai de família e outros estudos*, Rio de Janeiro, Paz e Terra, 1978.

Mas convém esclarecer que a denominação contracultura assumiu uma especificidade nos rastros do tropicalismo, associada às designações de uma nova atitude caracterizada pela "nova consciência", "nova sensibilidade", "curtição" e "desbunde", na qual a ênfase recaía no comportamental, na vida aberta, livre do racionalismo, do autoritarismo, do moralismo e da burocratização. Essa configuração estava referenciada à produção e atitude dos artistas – na música popular, no teatro, nas artes plásticas, na poesia e no cinema. Particularmente, ela tem como exemplar a produção do grupo baiano que detonou esse tipo de atitude desde o seu surgimento em 1967, atitude essa espetacularizada nas aparições na TV, em shows, reportagens em jornais e revistas, declarações. Mas, de modo mais consistente, a atitude aparece na própria estrutura de algumas canções; por exemplo em "Alegria alegria" de Caetano Veloso ("sem lenço sem documento/ nada no bolso e nas mãos/ eu vou/ por que não?"); "Panis et circenses" de Caetano e Gilberto Gil ("mas as pessoas na sala de jantar/ são ocupadas em nascer e morrer"); "Divino maravilhoso" de Caetano ("tudo é perigoso/ tudo é divino maravilhoso"). Mais explicitamente a canção de Gil, de 1969, quando confinado com Caetano na Bahia antes do exílio londrino, de onde retornam em 1972, "Cultura e civilização" ("a cultura a civilização/ elas que se danem ou não"), além de outras do mesmo disco ("Futurível", "Objeto semi-identificado") são indicativas de variados signos de certa atitude contracultural, marcada pelo *underground* norte-americano e pelas repercussões do maio de 1968 francês (claramente identificável em "É proibido proibir", de Caetano Veloso).

O que ficou conhecido como contracultura, "nova consciência" ou "nova sensibilidade", mantinha claras referências ao *underground* internacional em que a atitude *drop out*, o *cair fora da sociedade*, era veiculada por revistas, jornais, nas músicas e em rituais que pretendiam divulgar princípios de uma nova imagem da vida, que induzisse a novos comportamentos. Enquanto as maneiras, neorromânticas, com as quais se apresentavam identificava os integrantes dessa onda contracultural como alienados, quando não, vagabundos, isto é, como desintegrados dos modos de vida habituais, os comportamentos portavam de fato inconformismo e desprezo, não simplesmente reativos, face ao autoritarismo, a burocratização e ao racionalismo da vida social burguesa. A vida em comunidades, as práticas alimentares naturais, o uso de drogas, as novas formas de relacionamento afetivo e sexual, o desprezo pelas fórmulas políticas, pela organização familiar e pela educação formal, caracterizariam essa outra mentalidade, planetária e descentralizada, aparentemente desligada da "cultura e da civilização", rumo a uma outra sociabilidade.

O efeito dessa atitude e das novas formas de vida seria subterrâneo, acreditando mais na potência dos gestos e comportamentos do que no debate explícito de ideias, e sem interesse por experimentações estéticas. Em busca de uma nova ética pessoal, a imaginação volta a ser a rainha das faculdades: dela partiriam os sinais de renovação da vida e da arte, implicadas em uma expressão marginal, calma, suave e bela de transformação individual e social. Toda possibilidade de transformação social proviria da expressão individual medrada nas comunas, nos encontros coletivos, na comunhão espontânea dos corpos, associados aos ritmos vitais da natureza; daí a articulação de muitas ações de resistência às intervenções tecnológicas no meio ambiente.

Percebe-se facilmente como essa compreensão afirmativa da contracultura pretende-se livre de contradições e ambiguidades, visíveis pela atitude distanciada já no período de sua vigência. Pois, a marginalidade era puramente circunstancial e foi logo integrada pela indústria do consumo. As condutas, os modos de vestir, a linguagem específica, os rituais teatralizantes, as novas práticas alimentares, o ecologismo, as práticas corporais e místicas orientais, foram rapidamente recuperados como produtos diversificados da sociedade do espetáculo. O mercado se enriqueceu de uma variedade nova de objetos exclusivamente destinados aos jovens, contribuindo para reforçar o mito que nascia: a juventude prolongada, para todos, que diluía a crença fundada no conflito de gerações, aludindo ao nascimento de uma cultura pan-totêmica diluída na liturgia neo-totêmica dos objetos. Mas não se pode subestimar a importância da experiência contracultural para as mudanças de comportamento, para o alerta quanto à destruição do meio ambiente, para o processo de relativização da moral dos comportamentos, para a singularização das vivências na sociedade do controle.

***

A intersecção entre a nova sensibilidade contracultural, a curtição, e o experimentalismo tropicalista detonou uma outra orientação na produção artística e cultural, significativa em termos de ressonâncias para a abertura da contemporaneidade:

um pós-tropicalismo em que proposições e obras configuraram emblemáticas intervenções aliando experimentalismo, novos comportamentos e um outro deslocamento da questão do político na arte e na cultura. Essa produção da primeira metade dos anos 1970 uniu o gosto pela experimentação, a sofisticação técnica, o jogo com o mercado efetivado na segunda metade dos anos 1960 às experiência da curtição, que enfatizavam a nova sensibilidade contracultural por meio da gestualidade do corpo, do sensorial, das experiências limite via drogas, do misticismo e dos comportamentos renovados na vida amorosa. É então na confluência dessas linhas, interessadas na efetivação de articulações da arte com a vida, que emerge uma arte e uma crítica da cultura provenientes da transformação do que restou dos ensaios de descentralização da cultura propugnada pelo tropicalismo, dos impasses técnicos e ideológicos da arte de vanguarda em sua relação com as possibilidades do sistema, e da absorção do comportamental da contracultura.

Desta discussão e prática participaram artistas novos e artistas provenientes da década anterior, e outros já consagrados. Arnaldo Jabor publicou no *Pasquim* (fundado em 1969), no início de 1972, um sintomático artigo em que, para compreender a intervenção da contracultura na reorganização da cultura, retraça o percurso artístico e cultural no Brasil desde o modernismo, destacando o "trauma de dezembro de 68" para a compreensão dos impasses e indeterminações daquele momento.[17] Avaliando o período 1969-1972, e tentando captar a originalidade das experiências contraculturais, constata que estas, apesar de domesticadas, não chegaram ao fim como apenas uma grande ilusão:

Ficaram os despojos vivos, uma infinita massa colorida, de gestos, costumes, formas de pensar, de amar, de ver o mundo, que estão para sempre assimiladas às consciências das jovens gerações. A Cultura morre nos museus, mas se eterniza dentro do corpo. Jimi Hendrix antes de morrer disse numa entrevista ao [sic] *Rolling Stone* que o negócio já não era mais aquele que era outro, que ele não sabia qual era, mas que vinha aí. John Lennon declarou, numa tremenda *ego-trip* que o sonho tinha acabado. E continua vivo, e que enquanto há vida haverá sonho. E para sonhar basta não ter medo da imaginação.

Também sintomático é o texto *Escrevivendo* de Jomard Muniz de Britto – poeta e crítico pernambucano, que participou das experiências educacionais de Paulo Freire na década de 1960 e das discussões sobre cultura popular, e associado às

---

17. Arnaldo Jabor, "Debaixo da terra", *O Pasquim*, n. 131, Rio de Janeiro, Codecri, 10 jan. 1972.

proposições do tropicalismo e da contracultura –, publicado em 1973 em edição marginal.[18] Propõe o conceito de "desculturação" como sugestivo da conjugação entre experimentalismo de vanguarda e a nova sensibilidade, entre a vanguarda e a desculturação:

Desculturação é uma proposta na medida em que
          [funciona
como um estimulante conceitual operacional, palavra de um agir concreto, nomeAÇÃO de uma realidade como fato e projeto. Não como palavra jogada no vazio. Não como séria metáfora da vacuidade. Quem fala
          [desculturAÇÃO
pensa em des-condicionamento dos estereótipos da
          [cultura
como tabu, em maiúsculo e com K. Da Kultura
          [proibitiva,
centralizadora, hierárquica: K
[...]
A vanguarda existe por uma d i f e r e n ç a
          [diferenciAÇÃO.
Diferença entre o nível de produção cultural
          [(crítico-criativo,
inovador, experimental, laboratorial, inventivo) e o
          [horizonte
largoestreito do consumo pelo grande público (passivo,

---

18. Jomard Muniz de Britto, *Escrevivendo*, Recife, Mimeo, 1973.

[redundante, repetitivo, enquadrado dentro dos padrões vigentes.

Essa diferenciação deveria conjugar racionalidade (exatidão, rigor, lucidez, estruturação) e transracionalidade – abertura para todas as fontes de experiência humana (magia, mito, misticismo, filosofias). É a busca de uma totalização feita na vida pela conjugação de ciência, filosofia, religião etc. A pergunta que, segundo ele, se colocaria diria respeito à criticidade e autocriticidade da vanguarda para ser eficiente, criativa e instauradora. A condição complementar é que a vanguarda se tornasse verdadeiramente produção, o que a levaria a ser um trabalho inscrito no corpo pela imaginação corporificada. Utilizando-se da formulação de Umberto Eco, diz que a vanguarda se tornaria, assim, integrada, contra qualquer apocalipse. Como se vê, essa teorização, pretendendo-se crítica e original, rearticulava os debates de vanguarda, tensionadas agora pela concepção de arte-vida proveniente do tropicalismo e da contracultura.

Apesar do interesse das duas posições, enquanto sintomáticas e exemplares, é preciso levar em conta trabalhos de artistas que configuraram a potência da produção artística e da nova crítica cultural surgida daquele imbricamento de experimentalismo e comportamentos contraculturais: alguns atuantes nos anos 1960, como Hélio Oiticica, Lygia Clark, Caetano Veloso, Gilberto Gil, Torquato Neto; outros então recém surgidos, como Waly Salomão, Rogério Duarte, José Agrippino de Paula, Gramiro de Matos, José Vicente, Antonio Bivar, Júlio Bressane, Andrea Tonacci, Jards Macalé, Walter Franco. E a lista poderia ser estendida. Além disso, é preciso ressaltar a importância de revistas e jornais que difundiram essa produção diversificada, com acento, ou no experimental, ou na curtição, ou entre os dois, como *Navilouca, Polem, Código, Poesia em Greve, Artéria, Corpo Estranho*.

***

A nova consciência contracultural teve em Luiz Carlos Maciel o seu guru, cujas matérias divulgando a nova sensibilidade começaram a aparecer em 1970 no *Pasquim*, incialmente na seção "Underground", depois, em encarte, no jornal *Flor do Mal*. Nessas e em outras publicações – como *Verbo, Presença, Rolling Stone, O Bondinho* – irradiava-se de Maciel e de outros seguidores, uma visão de vida neorromântica, a figuração de um novo universo cultural, de uma outra imagem da vida, dos comportamentos e dos valores.

Seguinte: o futuro já começou. Não se pode julgá-lo com as leis do passado. A nova cultura é o começo da nova civilização. E a nova sensibilidade é o começo da nova cultura. Sua continuação é a nova lógica. Não: as leis do passado não servem.

Não se deixe perder pelos demônios cansados da velha Razão. Ela ainda não conhece o poder dos sentidos da mesma maneira que, durante séculos, insistiu em ignorar o poder dos instintos. Não se deixe perder. [...] Os limites da velha razão engendram a *nova* sensibilidade. [...] A revolução cultural está em marcha, dizem uns e outros. É verdade. Até em seus recuos, ela não apenas propõe a mudança: ela muda, aqui e agora, através de uma dialética que ninguém definiu. Seu método é a vigência provisória da moda. Através do efêmero ela finca suas raízes. Seu estilo é o improviso incoerente do músico *free jazz*. Não: ela não deseja destruir tudo para começar de novo. Prefere assumir sua tarefa montada sobre os ombros da tradição, sem compromisso, colhendo dessa tradição suas forças desprezadas: o êxtase, o sonho, o ritmo, a cor, o riso, a paz e todos os presentes que o nosso Deus criador oferece aos sentidos humanos para a sua fugaz fruição nesta Terra.[19]

Nota-se nesse manifesto que o eixo da nova sensibilidade é interpretado como regressivo, pelo

---

19. Luiz Carlos Maciel, "Um manifesto", *Nova consciência*, Rio de Janeiro, Eldorado, 1973, pp. 46-8.

menos tendo em mente o modo como tal sensibilidade havia operado no tropicalismo, em que as força do êxtase, do sonho, da beleza, do efêmero, da paz, da moda tinham servido, como na interpretação do surrealismo feita por Walter Benjamin, para alimentar o desejo de ruptura, de uma revolução profana, contra o que impedia o movimento de liberação na vida, na cultura e na política.[20] À maneira das manifestações ocorridas na Califórnia e em Paris, o surrealismo foi sempre alegado como referência das insurreições. A crença na mudança da consciência e dos comportamentos, enfim, a aposta na eficácia dos gestos exemplares, seriam o fundamento de uma atitude política completamente diversa da institucionalizada.

É possível notar o alcance daquelas posições aparentemente tão descomprometidas, mas afirmativas em suas aparições nas manifestações, nos modos de vida, nas páginas de jornais e revistas da curtição. Funcionavam pelas derivas, apostando na potência do acontecimento, no alargamento da racionalidade, por uma modalidade de pensamento que derivava também do sensível, enfim, operações desterritorializantes. Além disso, foi o

20. Walter Benjamin, "O surrealismo – o mais recente instantâneo da inteligência europeia", Erwin Theodoro Rosental (trad.), São Paulo, Abril Cultural, 1975 (Col. Os Pensadores), p. 64.

primeiro momento no Brasil em que, como atitude contracultural, a política de minorias encontrou espaço de afirmação, com assunção das mulheres, dos negros, dos homossexuais, das práticas religiosas e corporais resistentes ao dualismo ocidental: orientalismos, candomblé, umbanda, quimbanda. Particularmente importante foi a penetração de práticas culturais do Oriente na contracultura e o desenvolvimento de uma grande variedade de práticas terapêuticas, corporais, de grupo – no momento, aliás, em que a psicanálise de linhagem freudiana, em sua diversidade, e a psicologia analítica de Jung se difundiam no país.

Pode-se dizer que a atitude contracultural, à semelhança daquelas surrealistas e dadá, em muito implica uma estetização da vida. Todas as manifestações articulavam categorias estéticas modernas que informavam os comportamentos na vida em comunidades ou nos aparecimentos públicos (que adquiriam uma certa espetacularidade) e mobilizavam procedimentos artísticos. O primado do efêmero e do contingente, o desligamento da ideia de obra de arte, uma arte corporal, comportamental, ambiental; a recusa do esteticismo modernista, frequentemente em favor do artesanal e do ludismo, como oposição à instrumentalização moderna. Para isto, tanto na oralidade quanto na escrita literária e informativa, uma linguagem particular, às vezes como um idioleto, foi-se elaborando nas vivências e atividades contraculturais; uma linguagem em que a produção da significação se materializou em experiências inventivas renovadoras da linguagem literária habitual. O mesmo se deu nas invenções que atingiram as formas então correntes no teatro, no cinema, nos quadrinhos, na diagramação de livros, jornais e revistas independentes que, aliás, foram logo recuperadas pela indústria da cultura.

É exatamente a confluência das repercussões dessa larga atitude contracultural com a experimentação de artistas – que vinham caminhando na direção das mudanças no exercício das artes implicadas na abertura ou na morte da obra de arte, na assimilação da vida cotidiana na arte e vice-versa, como é o caso emblemático de Hélio Oiticica e Lygia Clark – que gerou uma variada produção em literatura, teatro, cinema, performances, instalações etc., configurando uma nova expressão artística, marcada pela ambivalência, em que o político não está ausente, embora esteja deslocado.

* * *

Silviano Santiago, em 1972, em ensaio pioneiro dedicado especificamente à literatura tensionada pela contracultura e pelo experimental, delineou argutamente as linhas de força, os antecedentes e os sintomas dessa produção configurada como estética da curtição:

A curtição (sen-si-bi-li-da-de de uma geração, sensação, estado de espírito, conceito operacional, arma hermenêutica, termômetro, barômetro, divisor de águas etc.) já foi consagrada pela música popular, principalmente pelo chamado grupo baiano liderado bifrontalmente por Caetano e Gil, que comporta grandes realizações, entre elas o extraordinário primeiro disco dos Novos Baianos. Teve seus momentos de visualização com os filmes de Rogério de Almeida, Júlio Bressane e Neville de Almeida, e com as peças de Antonio Bivar e José Vicente. Criou redações de jornal e de revistas no Rio, em São Paulo e Salvador; nas bancas *Presença*, *Bondinho*, *Rolling Stone*, *Verbo* etc. A curtição ocasionou cisões homéricas e irrecuperáveis entre a patota do *Pasquim* e os seguidores do guru Luiz Carlos Maciel; entre o pessoal que gosta dos baianos-que-voltam e os que são fãs de Milton Nascimento que-fica e gosta da sua caipirinha; entre os bem-situados-badalados do Cinema Novo e os arrivistas malditos do cinema boca-do-lixo, para ficar com alguns exemplos recentes. A curtição deslocou o eixo da criação da terra-das-palmeiras para a London, London, descentrando uma cultura cuja maior validez e originalidade tinha sido a de delimitar cultural, artística e literariamente determinada área geográfica que por coincidência se chamava Brasil. Deslocou o eixo linguístico luso-brasileiro para uma espécie de esperanto nova geração, cristalizado em palavras poucas que se tornam senhas entre os iniciados. Finalmente deslocou o eixo musical samba para uma certa latino-americanidade: todos os ritmos são bons, como disseram Torquato Neto e Capinam em momento anterior e tropicalista. A curtição foi capa da revista *Veja* e seguramente assunto da revista *Manchete*. A curtição é vendida discretamente pelas agências de publicidade (entre na sua!) através de cartazes na parede, radinhos de pilha e televisão na sala.[21]

Nota-se nesse fragmento que o autor se refere a expressões artísticas que resultam do imbricamento dos processos das vanguardas da década anterior e da assimilação da chamada nova sensibilidade; entretanto, consciente dos impasses daquelas vanguardas, é despida do heroísmo e do cinismo com que elas pretendiam dar conta das aporias constitutivas das polarizações ou intercessões entre experimentalismo, participação política e mercado. Sem a presunção de se aliar a projetos de ruptura social, consciente de que ao artista não é mais permitida a ilusão de usar a arte como instrumento de transformação da realidade, essa

---

21. Silviano Santiago, "Abutres: a literatura do lixo", revista *Vozes*, ano 66, v. LXVI, n. 10, 1972, pp. 21-2.

arte afirma-se como lúdica e estranha, como que aderente à proposição de Hélio Oiticica: só existe o grande mundo da invenção.[22] Então, se de um lado essa produção está voltada a um público específico ativado pelas experiências contraculturais, de outro, seu compromisso exclusivo é com o experimental, que dificulta a legibilidade das obras. Assim, a nova sensibilidade é assumida como conceito operacional que mobiliza a invenção de experiências de transmutação da relação entre arte e realidade – com que se configura um outro modo do político, centrado nas mudanças de comportamento interpessoais e comunitários, e não mais nos projetos totalizadores de mudança social. Entende-se então que a nova sensibilidade, enquanto conceito operacional, redimensiona novamente a posição social da produção artística, provoca antagonismo entre a nova produção e o público relacionado ao sistema da arte. A ideia de criação é reinventada, reativada pelas vivências como a única maneira de se posicionar face à resistência do sistema que mantém a ordem constituída em termos transcendentes ou pela razão instrumental.

22. Hélio Oiticica, entrevista a Ivan Cardoso, *Folha de S. Paulo, Ilustrada*, 16 nov. 1985, p. 48; rep. em César Oiticica Filho e Ingrid Vieira (org.), *Encontros -- Hélio Oiticica*, Rio de Janeiro, Beco do Azougue, 2009, p. 227.

Quer se fale de artes plásticas, literatura, poesia, cinema, teatro ou música, essa arte que se pretende independente implica uma estética caracterizada por algumas regras básicas. Em primeiro lugar, a valorização do fragmento em detrimento do todo. Como diz Silviano Santiago, "o trecho aparece trabalhado, bordado, rendado, pedindo portanto apreensão sintética (fragmento) e ao mesmo tempo analítica (bordado)",[23] com que se perde a continuidade, a discursividade, típicas da lógica da exclusão. O estranhamento vem, em parte disso, mas não só disso. Já que o consumidor deve "curtir" o objeto artístico, manter com ele uma relação fantasmática, sado-anal, via operacionalidade do vivido, a estranheza vem também do jogo com o artifício: "O artifício da arte é o artifício da singularização dos objetos e ele consiste em obscurecer a forma, em aumentar a dificuldade e duração da percepção".[24]

A isso acrescenta-se a total falta de desejo de sistematização, procurando eliminar resquícios de estilo. O que poderia ser visto, num primeiro momento, como desleixo ou falta de capacidade para engendrar obras é, na verdade, buscado como

---

23. Silviano Santiago, op. cit.
24. Viktor Chklovski apud Silviano Santiago, op. cit., p. 23.

efeito, ou efeito da perseguição da vida em substituição à busca da boa forma. O estilo implica configurações, definição de categorias estéticas, da criação e da recepção; a falta de estilo abre campo para a inclusão do comportamento como móvel da atividade artística, quer se materialize em obras ou não.

* * *

A arte pós-tropicalista pretende-se contemporânea porque quer deixar de lado o binômio desconstrução-construção, eixo da modernidade vanguardista. Esta, apesar das diferenças irredutíveis entre tendências, tinha compromisso com a descentração do olhar, da audição, da leitura, com que se efetuava a desnaturalização da percepção e dos suportes estéticos das belas-artes. As poéticas da desrepresentação foram levadas à exaustão na década de 1960, atingindo seus limites no hiperrealismo, na arte conceitual, na arte pobre. Tematizando a criação como crítica, visavam uma incisão na arte. De um lado, para destruir o código perceptivo e o estatuto da arte, impediu-se qualquer possiblidade de produção de sentido; de outro, valorizou-se a criação de estruturas. Num e noutro caso privilegiou-se o lugar da imagem ou a hipertrofia dos procedimentos. A nova arte joga com superfícies, sem interioridade ou exterioridade, anterioridade ou posterioridade, projeta-se como coisa dada desde que experimentada. Ora articulando procedimentos hauridos das vanguardas, portanto com algum rigor formal ou, ao contrário, salientando a precariedade material e o inacabamento formal, não apresentando tendência a qualquer origem, seus objetos não indiciam uma primeira vez nem para o capital nem para o saber, nem para a fruição nem para a reprodutividade.[25] Pura manifestação, esses "objetos" assumem estatuto de seres posicionais. Da mesma forma como o objeto científico está fechado no recinto do discurso científico, o artístico está fechado no recinto do discurso artístico.

A ambivalência dessa estética da curtição pode ser detectada em suas características básicas. A figuração do social e político é devedora da ambivalência tropicalista, tal como caracterizada por Hélio Oiticica, embora dela distinguindo-se. Pois, para ele, a ambivalência funcionava como conceito operacional, como jogo estético-político, para fazer a crítica da diarreia cultural brasileira, fugindo

---

25. Jean-François Lyotard, "Esquisse d'une économique de l'hipperréalisme", *Dispositifs pulsionnels*, Paris, U.G.E., 1973 (Coll. 10/18).

das polarizações estéticas e ideológicas que insistiam em não enfrentar as indeterminações artísticas e culturais daquele momento: "Uma *posição crítica* implica inevitáveis ambivalências [...] pensar em termos absolutos é [...] conduzir-se a uma posição conservadora [...] a dificuldade de uma opção forte é sempre a de assumir as ambivalências e destrinchar pedaço por pedaço cada problema".[26] A entronização do eu, a ênfase na produção de subjetividades nos comportamentos contraculturais, figurando frequentemente uma espécie de moda, de subjetivação grupal, desliza nas experiências que compunham de uma nova sensibilidade e experimentação para uma dessubjetivação que, pondo em relevo a figura do artista, produz uma figuração ambivalente das obras, pois são ao mesmo tempo referidas a uma experiência particular, subjetivada, e a uma expressão objetivada em objetos estranhos, não identificados.

A ambivalência dessa nova arte pretende ultrapassar o trabalho moderno de assimilação da vida na arte, a partir da experiência de uma arte de viver. A ênfase moderna nas estruturas abertas, em criações coletivas, na participação, nas propos-

---

26. Hélio Oiticica, "Brasil diarréia", Ferreira Gullar (org.), *Arte brasileira hoje*, Rio de Janeiro, Paz e Terra, 1973, p. 150.

tas de ampliar a criatividade para reconciliar as esferas separadas da arte e da vida, vê-se agora substituída pela incorporação das vivências, tanto nas atitudes e nos comportamentos quanto na linguagem, nos processos e procedimentos, na busca de alguma coisa *entre* a arte e a vida. A frase de Oiticica, apanhada de Yoko Ono – criar não é tarefa do artista, sua tarefa é a de mudar o valor das coisas[27] – adquire inusitada ressonância, que remete a Rimbaud e a Breton: a arte não interessa, o que interessa é mudar a vida. Ora, disso sobressai a figura do artista, com o deslocamento da arte produtora de obras. Pois, enquanto nas vanguardas "as noções correlatas de obra e de autor perdiam sua consistência, a de artista conservava a sua e talvez mesmo a reforçava", depois, como no caso examinado, "ao invés da extinção da noção de artista, ao mesmo tempo que a de obra, produziu-se uma exacerbação do estatuto moral e social do artista, uma super-valorização do *ser artista*".[28]

Essa é a pedra de toque para se entender essa arte estranha, hermética, produzida nos inícios da

---

27. Hélio Oiticica, "Experimentar o experimental", *Navilouca* (1972), Waly Salomão e Torquato Neto (org.), Rio de Janeiro, ed. Gernasa, 1974.
28. Jean Galard, "L'art sans œuvre", Jean Galard et al. (org.), *L'œuvre d'art totale*, Paris, Gallimard/Musée du Louvre, 2003, pp. 168-9.

década de 1970, como um além da arte, como distanciamento da arte crítica dos anos 1960, como uma nova potência da arte como vida. Também está aí uma nova figuração da política, numa zona de indistinção entre o que antes era crítica da cultura e agora é crítica imanente da cultura: uma poética do instante e do gesto que desloca os simbolismos da arte em favor dos comportamentos, da vida como manifestação criadora, diz Oiticica.

Para ele, a extensão da arte na vida, a proposta de uma criatividade generalizada em âmbitos que funcionavam como células germinativas para comportamentos, relativizava a ênfase no conceitual propondo a arte "nos fios do vivencial". Em que exercícios imaginativos surgiam do tensionamento entre o conceitual e o "fenômeno vivo".[29] A desestetização processada nesses âmbitos para comportamentos não significava uma valorização simples das sensações e dos afetos como oposição ao suposto e genérico racionalismo atribuído aos modos de compreender as significações assumidas na arte no Ocidente moderno. Visava, antes, ao devir da experiência, em que a totalização do vivido levaria necessariamente à transmutação das relações entre arte e vida e, portanto, dos indivíduos,

---

29. "Brasil diarréia", op. cit.

por meio da transformação da arte em atividade cultural, por efeito da multiplicação e da expansão celular. Aí então, nos acontecimentos da vida como manifestação criadora, brilharia o esplendor do sentido, encarnado em situações, indivíduos, processos e comportamentos que desbordariam das regras institucionalizadas do viver-em-sociedade, em favor de um viver-coletivo. Conceituais e sensoriais, esses acontecimentos materializariam uma imagem do pensamento e da existência que valorizariam situações instáveis e indeterminadas, de fim impreciso, típicas das experiências exemplares, simbólicas, nas quais coexistem intensidade de sentido, convicção e violência: transformabilidade.

Essa poética do instante e do gesto não visava aos simbolismos da arte mas à simbólica dos estados de transformação. Assim entendidas, as ideias e proposições de Oiticica encontrariam nas décadas seguintes plena atualidade e inúmeras atualizações. Esses espaços gerariam, lembrando algumas ideias de Roland Barthes, um viver-junto como fato espacial onde é possível uma comunidade idílica, utópica: espaço sem recalque, como o sonhado no *crelazer*, espaço em que a vida se reinventa, circunscrição ideal da comunidade, do viver-junto.[30]

Tal ideia, que se estendeu do final dos anos 1960 até meados da década de 1970, inscreveu as categorias de *marginalidade* e de *nova sensibilidade* como responsáveis por ações e vivências que se pretendiam livres das normatizações cotidianas e institucionais. Nelas, a arte nos fios do vivencial substituía a experiência das obras de arte pela experiência dos comportamentos. A ênfase no vivencial é sintoma de que na cultura moderna, a perda de uma certa modalidade de experiência e o engendramento de outra, postula uma nova temporalidade – a que contempla a multiplicidade, a simultaneidade, o transitório e o precário. Experimentalismo, invenção, nova sensibilidade e marginalidade são os signos ou sintomas das imaginadas transformações radicais das relações entre arte e vida, em que o corpo aparece como conceito operacional e ativador das mudanças.

Já na arte dos anos 1960, especialmente no teatro e na música popular dos tropicalistas, o corpo emergira na própria estrutura das obras, como integrante das transformações em curso, da crítica do sistema da arte, tanto interessadas na deseste-

---

30. Roland Barthes, *Como viver junto*, São Paulo, Martins Fontes, 2003, pp. 11 e 157.

tização quanto no alargamento da compreensão da arte com a inclusão de ações e vivências. Havia uma clara intenção de violentar o público, de entender a arte como um desviante político para figurar o absurdo brasileiro: teatro da crueldade, da agressão e da grossura, da obsessão erótica e até da pornografia; corpo, gesto e teatralidade nos temas e procedimentos tropicalistas, articulando "o conceitual e o fenômeno vivo", como propunha Oiticica, induziam a novas formas de subjetividade, buscavam a renovação técnica das linguagens e dos comportamentos, de forma que o político aparecia nesses requintes estéticos frequentemente compondo alegorias do Brasil, que deslocavam criticamente as muitas formas de sujeição: política, cultural, artística e moralista imperante, arcaica e moderna.

Oiticica, ao acentuar essa direção crítica, que será exemplar para os desenvolvimentos contraculturais na década seguinte, entendeu a emergência do corpo nas suas proposições, do *Parangolé* às manifestações ambientais, e a tudo que veio depois nos escritos e projetos, de "transformar os processos de arte em sensações de vida".[31] Desata, com a

---

31. Hélio Oiticica, "Carta a Guy Brett", Luciano Figueiredo; Lygia Pape; Waly Salomão (org.), *Aspiro ao grande labirinto*, Rio de Janeiro, Rocco, 1986.

"descoberta do corpo", o "estado de invenção" efetivado com o deslizamento da imanência expressiva da obra e do além da arte. Essa proposição, exemplar e radicalizante do deslocamento operado nas artes da modernidade, é uma consequência da inscrição do corpo no campo artístico. O corpo deixa então de ser mero protagonista, fonte de sensorialidade, mas antes uma estrutura-comportamento que redimensiona o sensível da arte. A consequente requalificação estética, que rompe a demarcação entre arte e vida, decorre da percepção do corpo humano na vida cotidiana, assim como do seu poder de afetar, constituindo-se a partir de então em condição indispensável da experiência artística.[32]

Dessa forma, a descoberta do corpo ressalta as vivências, as intensidades e os afetos, liberados no processo de abertura estrutural com que se desloca o sujeito das obras para os comportamentos, privilegiando a exploração das sinestesias, dos estímulos que atingem simultaneamente os olhos e os ouvidos, todo o corpo, situando-se no vasto campo das analogias entre imagens sensoriais, cromáticas e sonoras. Particularmente, esse processo, ao mesmo tempo vivencial e cultural, ratifica o

---

32. Henri-Pierre Jeudy, *O corpo como objeto de arte*, São Paulo, Estação Liberdade, 2002, p. 13.

fato de que para muitos artistas modernos a variação intensiva dos afetos é atividade constitutiva do sujeito. Na dança, na voz e na fala, como música ou ruído, na escuta ou no silêncio, o que entra pelo corpo materializa uma relação de linguagem e cultura que tem na arte o lugar de resistência à simples dispersão cotidiana. Aí situa-se também a resistência dessa arte, sua forma política se dá pela circulação, mobilidade, fuga, difusão de comportamentos singulares – o contrário da "tomada de consciência".[33]

Entretanto, a ênfase na proposição vivencial em Oiticica não se confunde com certas proposições de simples "expressão corporal", nas quais frequentemente se observa, em terapias corporais, pela mitologização do corpo e do cotidiano, a disjunção entre arte e vida. Pois não se tratava, e não se trata nunca, de realismo, de introduzir o corpo em situações específicas, mas de pensar a relação entre o corpo e a arte como passagem do real ao imaginário. O mais significativo é quando o corpo vira signo em situação. De modo que os rituais do desejo, por mais crus que possam ter sido, ou ainda são, não desmentem tal posição: tudo se passa *entre*, nem representação nem um suposto real. Esse

---

33. Peter Pál Pelbart, *Vida Capital: ensaio de biopolítica*, São Paulo, Iluminuras, 2003, p. 142.

entre é índice de indeterminação, espaço contingente onde nasce toda relação, assim implicando o processo de transvaloração da arte, de modo que o que resulta não é mais nem a arte nem a vida empiricamente vivida, as vivências, mas outra coisa, talvez um além da arte. O *entre* é o lugar do intempestivo, pois "o interessante nunca é maneira pela qual alguém começa ou termina. O interessante é o meio, o que se passa no meio [...]. É no meio que há o devir, o movimento, a velocidade, o turbilhão".[34]

* * *

Geralmente, quando se designa por contracultura o largo espectro das manifestações alternativas, isto é, à margem da produção cultural oficial e comercial dos anos 1970, são incluídas atividades diversificadas que atravessam a década. De um lado, em sentido estrito, como vem sendo ressaltado, contracultura é curtição, desbunde; de outro, é a composição da nova sensibilidade a partir do experimentalismo herdado das vanguardas dos anos 1960 e diferenciada por força desta composição.

34. Gilles Deleuze, *Sobre o teatro: um manifesto a menos*, Fátima Saadi (trad.), Rio de Janeiro, Jorge Zahar, 2010, pp. 34-5.

Assim, essa produção que está sendo caracterizada como pós-tropicalista – porque o tropicalismo detonou a liberação artística, cultural e comportamental – se desdobrou em atuações em redações de jornais e revistas, acontecimentos públicos, no teatro, no cinema, na música, nas artes plásticas e gráficas, na literatura. Pôs em destaque alguns artistas e teóricos exemplares, como assinalado. Luiz Carlos Maciel foi quem melhor encarnou a figura de teorizador e divulgador das propostas de mudanças de comportamento vinculados a aspectos da filosofia e do misticismo orientais. Hélio Oiticica, Caetano Veloso, Waly Salomão, Torquato Neto, Rogério Duarte foram os responsáveis pela articulação entre a nova sensibilidade contracultural e o experimentalismo construtivista. Rogério Duarte, poeta e artista gráfico responsável por capas e ilustrações de livros, revistas e discos, foi referência subterrânea na afirmação dessa linha mais consistente de pensamento e da produção desses artistas. Também Jorge Mautner foi personagem de destaque na cena contracultural: pensador extravagante, buscou uma síntese otimista, dionisíaca, da racionalidade ocidental e da sabedoria oriental.

A singularidade da produção[35] que veio nos rastros de Oiticica e do tropicalismo efetivou a emergência do corpo na arte, configurando um campo tensionado pelas significações básicas de experimentalismo, nova sensibilidade e marginalidade, o que pode ser evidenciado pela passagem por alguns personagens, livros, filmes, e também algumas peças, algumas canções, revistas – exemplares, porque sintomáticas da vasta e variada produção contracultural, que se estendeu do final dos anos 1960 até meados dos anos 1970. Destaca-se aqui: Waly Salomão, autor do sugestivo livro *Me segura q'eu vou dar um troço* (1972), elaborado quando estava preso na Penitenciária de São Paulo por porte de droga, e também pelas canções feitas em parceria com Jards Macalé, e que se tornaram simbólicas da nova sensibilidade – "Vapor barato" e "Mal secreto" –, além de produtor de shows e discos, especialmente do lendário espetáculo *Gal Fa-tal* e da revista *Navilouca* (1972), em parceria com Torquato Neto. Este, que já tinha sido fundamental no tropicalismo, na reflexão e na composição de músicas emblemáticas – "Geléia geral" e "Marginália II" (com Gilberto Gil), "Mamãe cora-

---

35. A revista *Arte em Revista* n. 5 (São Paulo, CEAC/Kairós, 1981) e n. 8 (São Paulo, CEAC, 1984), fez pioneiramente um inventário e uma mostra dessa vasta produção.

gem" e "Deus vos salve esta casa santa" (com Caetano Veloso) –, desenvolveu intensa e consistente atividade reflexiva, fundamental para a afirmação dessa produção, paralela à de Luiz Carlos Maciel, na coluna "Geléia geral" do jornal *Última Hora*. Esse material foi reunido com outros textos no livro póstumo organizado por Waly, *Os últimos dias de paupéria* (1973). A vida, a tragédia e os textos de Torquato se tornaram lendários. Os textos de Caetano Veloso veiculados em diversos jornais e revistas, reunidos por Waly Salomão no livro *Alegria Alegria* (s/d); os livros de Gramiro de Matos – *Urubu-rei* (1972) e *Os morcegos estão comendo os mamãos maduros* (1973), *Folias Brejeiras* (1975), de José Simão e *Catatau* (1975), de Paulo Leminski, pela pesquisa de linguagem, descaso da língua e absorção das informações de vanguarda – dos modernistas à poesia concreta –, indicam uma nova e inventiva experiência literária.[36]

36. Waly Sailormoon, *Me segura q'eu vou dar um troço*, Rio de Janeiro, José Álvaro, 1972;
Torquato Neto, *Os últimos dias de paupéria*, Waly Salomão (org.), Rio de Janeiro, Ground, 1973; 2ª ed. São Paulo, Max Limonad, 1983;
Gramiro de Matos, *Urubu-Rei*, Rio de Janeiro, Gernasa, 1972;
_____. *Os morcegos estão comendo os mamãos maduros*, Rio de Janeiro, Eldorado, 1973;
José Simão, *Folias brejeiras*, edição do autor, 1975;
Caetano Veloso, *Alegria, Alegria*, Waly Salomão (org.), Rio de Janeiro, Pedra Q Ronca, s/d;

No teatro, o espetáculo-ritual *Rito do amor selvagem* (1969) de José Agrippino de Paula e Maria Esther Stockler; *Gracias, señor* (1972) do Teatro Oficina e o *Terceiro demônio* (1971) do TUCA; os espetáculos do grupo Dzi Croquettes (1972) também abrigavam as noções de marginalidade, nova sensibilidade, assunção do corpo e experimentalismo. Mas convém não esquecer que, ao mesmo tempo, José Vicente, Antonio Bivar, Leilah Assunção, Isabel Câmara indicavam em suas peças uma nova dramaturgia.

É preciso destacar no período a emergência do cinema marginal – Rogério Sganzerla com *A mulher de todos* (1969), *Sem essa aranha* (1970); Júlio Bressane com *O anjo nasceu* (1969) e *Matou a família e foi ao cinema* (1969); Neville de Almeida com *Jardim de guerra* (1970) e *Mangue bangue* (1970); André Luiz de Oliveira com *Meteorango Kid, o herói intergaláctico* (1969); Andrea Tonacci com *Bang bang* (1970); Glauber Rocha com *Câncer* (1969); José Agrippino de Paula com *Hitler no III mundo* (1968) –, do cinema boca-do-lixo paulista – Carlos Reichenbach com *Audácia* (1970); José Mojica Marins com *Trilogia do terror* (1968); Ozualdo Can-

---

Jorge Mautner, *Fragmentos de sabonete*, Rio de Janeiro, Ground, 1976;
Paulo Leminski, *Catatau*, Curitiba, edição do autor, 1975.

deias com *A margem* (1967); João Calegaro com *O pornógrafo* (1970); José Silvério Trevisan com *Orgia ou o homem que deu cria* (1970); João Batista de Andrade com *Gamal, o delírio do sexo* (1969); entre outros. E ainda a importante, vasta, diferenciada, produção em Super-8.

Como já foi assinalado, aquele foi um tempo de projetos ousados de jornais e revistas, conectados com a vertente experimental; todos de uma maneira ou de outra eram marginais, mas seria preciso em cada caso especificar de que marginalidade de tratavam: *Navilouca, Polem, Muda, Corpo Estranho, Código*. De outro lado, as francamente aliadas à curtição – *Verbo, Presença, Flor do Mal* – e outras, independentes, mais ou menos marginais – *Rolling Stone, Bondinho, Ânima, Malasartes*.

Finalmente, além de toda essa vasta produção mencionada, é preciso fazer referência a uma movimentação bastante penetrante, especialmente na segunda metade dos anos 1970: a poesia marginal, que surgiu como poesia do mimeógrafo, em precárias edições, muitas delas mimeografas em revistas como *Biotônico Vitalidade*, do grupo Nuvem Cigana, ou em coleções aprimoradas como a coleção *Frenesi*. Já em 1976, Heloisa Buarque de Hollanda editou o livro *26 poetas hoje*, uma preciosa antologia de poetas marginais provenientes das diversas vertentes assinaladas. Embora vários poetas identificados com o movimento marginal tenham ficado de fora da antologia, o livro funcionou como uma espécie de oficialização da nova poesia. Seus integrantes pretendiam se opor claramente ao que consideravam os excessos dos experimentalismos radicais das décadas de 1950 e 1960, ou mesmo aos mestres modernos, ainda que, em sua diversidade, mostrassem as dívidas, ou a clara enunciação da associação, para com uns e outros.[37] A compreensão do que era considerado poesia marginal foi objeto de vários ensaios importantes, tanto de integrantes da antologia como de críticos literários.[38]

* * *

Seria agora desejável e necessário fazer uma análise particularizada dessas produções para melhor configurar o entendimento da atividade contracultural no Brasil enfatizando a variedade das

---

37. Heloisa Buarque de Hollanda (org.), *26 poetas hoje*, Rio de Janeiro, Editorial Labor do Brasil, 1976 (Coleção Bolso).

38. Em *Arte em Revista-8*, encontram-se importantes textos críticos: de Antonio Carlos de Brito (Cacaso), Eudoro Augusto e Bernardo Vilhena, de Regis Bonvicino, de Paulo Leminski, Aristides Klafke, Flávio Nascimento, que traçam maneiras diversas de entender a marginalidade em questão.

manifestações, destacando a singularidade de cada produção, as recorrências e intersecções temáticas e de procedimento.

60/70: Da participação ao comportamental[1]

1. Revista *Literatura e Sociedade*, n. 29, jan.-jun. 2019.

Os acontecimentos artístico-culturais surgidos entre 1965 e 1968 mobilizaram imagens repletas de paixão, fervor e radicalidade; efeitos de ações que de maneira exemplar realizaram a exigência crítica, o imperativo, daquele momento histórico: o imbricamento de experimentação e participação política cujos efeitos se estenderam até meados dos anos 1970. Esta visada permite apreender o fundamental das atividades: a reconfiguração das posições artísticas e críticas que tensionaram e produziram profundas transformações nos modos de entender a relação entre arte e sociedade. A irrupção cultural desses anos incorporou nas artes os sinais que colocaram em questão os discursos instituídos sobre a possível eficácia das artes ao fazer na crítica das polarizações dos processos culturais que visavam a provocar, nas canções, nos espetáculos teatrais, nos filmes e nas expressões plásticas o levantamento dos recalques históricos e estéticos a travessia das forças excêntricas em conflito. Em resumo: de um lado, manifestações centradas nos efeitos de denúncia e exortação, especialmente nas canções e em algumas encenações que, utópicas, acreditavam no valor mobilizador da arte como eficaz na realização de expectativas de emancipação social; de outro, proposições que descrendo desse poder da arte, embora não excluindo o interesse crítico de suas produções, valorizavam a ambivalência crítica das ações, como foi o caso de variadas e diferenciadas atividades assimiladas sob a denominação genérica de tropicalismo. Essas posições definiram compreensões diversas, até em oposição, da necessidade, imperiosa naquele tempo, de participação. A análise das diferenças explicita o conflito das interpretações da realidade brasileira responsáveis pelo tensionamento da significação política das atividades culturais e da produção artística dos anos 1960 no Brasil.

Importante desses acontecimentos, e nem sempre valorizado nas análises do período, foi o fato de que nas experimentações artísticas o corpo se transforma em personagem conceitual. Sintoma das derivas críticas que surgiam, tal fato indicava que uma outra experiência – a comportamental – estava configurando as tensas relações entre arte e política. Essa nova experiência teve nos anos 1967-68 o seu ponto de definição, e nos anos seguintes adquiriu outras figurações, inclusive com desdobramentos originais a partir de 1969 das experiências contraculturais que propunham uma "nova consciência" e uma "nova sensibilidade" como uma espécie de ultrapassamento, e não superação, das posições que, embora comprometidas com a emancipação social, eram antagônicas nos modos de conceber tanto a liberação pessoal quanto a libertação social. Emblematizados nas palavras-signos "desbunde" e "curtição", os comportamentos contraculturais funcionavam como imagens mobilizadoras de uma vida liberada sob o signo da disponibilidade e do prazer, livre do que se supunham serem as limitações da razão ocidental, com seus efeitos sobretudo na cultura, nos valores, nas regras e costumes morais instituídos pelas instituições sociais.[2] As atividades contraculturais foram adquirindo espaço nos rastros das ideias e atividades tropicalistas, inclusive amplificadas pela circulação de informações que chegavam ao país, por meio das experiências contraculturais do *underground* norte-americano e de obras erigidas em referência aos novos comportamentos, como *Eros e civilização*, de Herbert Marcuse, *Vida contra a morte*, de Norman Brown e livros de Wilhelm Reich. Muitas dessas ideias eram disseminadas aqui por jornais e revistas contraculturais, destacando-se nelas os textos de Luiz Carlos Maciel na coluna "Undergorund" e no encarte "Flor do Mal" do *Pasquim*, e em revistas marcantes, como *Presença, Rolling Stone, Verbo Encantado, O Bondi-*

---

2. Cf. Celso Favaretto, "A contracultura, entre a curtição e o experimental", MODOS -- *Revista de História da Arte*, v. 1, n. 3, set.-dez. 2017.

nho, entre outras, disseminadas especialmente no eixo Salvador-Rio. Tais desdobramentos vieram nos rastros dos desenvolvimentos recentes no Brasil da psicanálise e de variadas terapias corporais ou de grupo, do interesse por práticas de expressão corporal, da acupuntura, da disseminação das experiências com drogas, do rock, da renovação dos costumes e das práticas das relações pessoais e da sexualidade aberta, e da valorização das religiosidades e dos rituais orientais e sincréticos afro-brasileiros.

O núcleo das transformações artísticas e comportamentais estava na explicitação da conjugação de arte e vida, processo que vinha informando as artes desde o romantismo, com ênfase no rimbaudiano desregramento de todos os sentidos como visionária recuperação de uma suposta unidade humana que teria sido perdida pela ação do "racionalismo" da cultura ocidental. Aqui e ali, entretanto, em algumas dessas manifestações, não se excluía, ainda que visionariamente, uma outra imagem do político, agora siderado pelas mudanças comportamentais. Walter Benjamin, como se sabe, ao pensar o sentido político do surrealismo – em que se ensaiavam com a admissão do inconsciente nas ações políticas e nas artes, a valorização do corpo –, considerou que a conjugação desses fatores na relação entre arte e vida aparecia como exigência na atitude de capturar as forças do êxtase para a revolução. Aliás, proposição muito apropriada para se entender algumas das propostas artísticas no Brasil, as tropicalistas, em que o corpo aparecia como desviante político.[3]

Assim, esse arco de atividades em que se dava o a intersecção ou a justaposição de ideias e comportamentos renovados ressaltava a necessidade, que se impunha como necessidade histórica, de fazer a crítica da "realidade brasileira" e de articular a resistência política face às restrições da ditadura. Tratava-se de levar adiante, agora em condições específicas determinadas pelo golpe civil-militar, o trabalho de renovação que vinha impulsionando o desejo de modernidade artístico-cultural, desde a década de 1950. No notável ano de 1967 apareceram: o filme *Terra em transe*, de Glauber Rocha; as encenações de *O rei da vela*, de Oswald de Andrade, no Teatro Oficina; o projeto ambiental *Tropicália*, de Hélio Oiticica, instalado na exposição Nova Objetividade Brasileira; a música tropicalista do grupo baiano e o livro *PanAmérica* de José Agrippino de Paula – e em outra direção, as can-

---

3. Mario Cámara, *Corpos pagãos -- usos e figurações na cultura brasileira (1960-1980)*, Belo Horizonte, Ed. UFMG, 2014, p. 9.

ções de protesto e as encenações de Augusto Boal no Teatro de Arena com *Arena conta Tiradentes*. É importante acentuar que se havia uma espécie de unanimidade quanto à compreensão da necessidade de resistência à ditadura, as propostas e ações distinguiam-se sobre os modos de articular a significação política, nas estratégias específicas que articulavam experimentação e participação, engajamento e desmistificação das ilusões a respeito dos poderes da arte.

No amplo espectro dessas atividades, entre 1965 e 1969, artistas plásticos – como Nelson Leirner, Marcelo Nitsche, Rubens Gerchman, Antonio Dias, Carlos Vergara, Roberto Magalhães, Hélio Oiticica, Lygia Clark, Lygia Pape, Antonio Manuel – efetuaram de modos diversos a passagem da obra ao objeto, às ambientações e aos acontecimentos, ressaltando com ênfase crescente a corporeidade como elemento intrínseco à tônica processual e conceitual em evidência em toda a arte contemporânea. Nas encenações de José Celso Martinez Corrêa, *O rei da vela*, *Roda viva* (1968) e *Na selva da cidade* (1969), a violência da arte articulava táticas visando a mudanças na eficácia política do teatro, rompendo as ligações costumeiras com o público, violentando-o: um teatro da crueldade e da agressão, do absurdo brasileiro; teatro anárquico, cruel, da grossura; das sensações, do prazer e da dor. As encenações do Teatro de Arena estavam comprometidas com formas de arte engajada, em que a participação política era pensada de modo a obter efeitos de conscientização pela tematização política de questões que totalizavam a realidade brasileira. Afirmativo, propunha a atitude "sempre de pé" como horizonte em que a participação provinha da transferência de símbolos históricos e culturais de resistência visando uma tomada de posição face às questões políticas e sociais então imediatas. As canções tropicalistas incorporaram voluntariamente, na temática e na forma, procedimentos e linguagens, ritualização, gestualidade, corpo e teatralidade – cuja expressão mais contundente esteve nos programas de TV *Divino Maravilhoso* – compondo uma atitude que articulava "o conceitual e o fenômeno vivo", na formulação de Hélio Oiticica; renovação técnica e de comportamento, em que o político não estava ausente, frequentemente de modo indireto, explorando ou induzindo a novas formas de subjetividade.

Não é descabido dizer que nessas produções pela primeira vez se evidencia efeitos de um regime estético que, ao evidenciar o processo de "incorporação", produzia imagens daquela descolonização visada nos projetos de resistência. Um processo, aliás, que se estendeu até meados da década de 1970, no âmbito das experiências contraculturais ou alternativas. Nelas, a oposição à situação instalada pelo regime militar não se fazia explicitamente, antes no gesto subversivo, mescla de candidez e insolência, de aposta na eficácia do gesto articulado à atitude básica de desestetização da arte, e frequentemente de estetização da vida, vale dizer, e dos comportamentos.[4]

Hélio Oiticica foi quem melhor explicitou naquela ocasião, em suas proposições artísticas e em seus escritos, a emergência do corpo nas produções do período, o interesse dos artistas em "transformar os processos de arte em sensações de vida".[5] Proposição comum aos deslocamentos operados nas artes da modernidade, trata-se de uma consequência da inscrição do corpo na arte, da vida como processo criador, com que se acede a uma outra ordem do simbólico. Nessa forma de arte, o corpo não é apenas protagonista, funcionando como lugar da sensorialidade, antes uma es-

---

4. Este texto retoma, sob este aspecto, com modificações, "Incorporação: corpo e política nos anos 60/70", Artur Freitas et al. (org.), *Imagem, narrativa e subversão*, São Paulo, Intermeios, 2016.
5. Hélio Oiticica, Catálogo da Whitechapel Experience, Londres, 1969, reproduzido em Luciano Figueiredo, Lygia Pape, Waly Salomão (org.), *Aspiro ao Grande Labirinto*, Rio de Janeiro, Rocco, 1986.

trutura-comportamento que redimensiona o sensível da arte. A consequente requalificação estética, que rompe a demarcação entre arte e vida, decorre da percepção do corpo na vida cotidiana, assim como de seu poder de afetar, constituindo-se a partir de então em condição indispensável da experiência artística. Esse processo, ao mesmo tempo vivencial e cultural, ratifica o fato de que em muitos artistas modernos a variação intensiva dos afetos é atividade constitutiva do sujeito. Aí situa-se também a resistência dessa arte, em quê ela é política: pela circulação, mobilidade, fuga, difusão de comportamentos singulares – o contrário da "tomada de consciência" que foi o objetivo de grande parte da produção artística "engajada" durante toda a década. Assim, as proposições desses artistas dos anos 1967-68 estão incluídas no processo em curso de transformação radical da concepção de artista – que se tornou um motivador para a criação. Criar, advertiu Oiticica, citando Yoko Ono, "não é tarefa do artista, sua tarefa é a de mudar o valor das coisas".[6] Oiticica apontava assim, com outros artistas, para uma nova inscrição do estético: a arte como intervenção cultural,

6. Hélio Oiticica, "Experimentar o experimental", Torquato Neto e Waly Salomão (org.), *Navilouca*, Rio de Janeiro, Edições Gernasa, 1974.

em que o campo de ação é a atividade coletiva que intercepta a subjetividade e a significação social.

Nessa direção, a da experimentação que acentua a incorporação, na literatura o destaque fica com o singular livro de José Agrippino de Paula, *PanAmérica*.[7] Nele circulam as fantasmagorias da sociedade do espetáculo, os estilhaços da cultura e do imaginário do consumo, encenação em que se observa a volatização do simbólico, a corrosão das identidades, a reificação do desejo nas obsessões eróticas e na pornografia. O que também aparecia com a mesma radicalidade em *Rito do amor selvagem*, de 1969. No prefácio da reedição de 2001, Caetano Veloso lembra o impacto do livro antes do aparecimento de suas canções tropicalistas – uma informação importante, pois esclarece ainda mais a concomitância do procedimento de incorporação nas produções que foram identificadas como tropicalistas, na música, no teatro e na literatura e, um pouco depois, no cinema dito marginal e no horizonte das experiências contraculturais. Com efeito, é evidente a sintonia entre o modo de enunciação em muitas dessas canções, a narrativa de Agrippino, as imagens visuais de

7. José Agrippino de Paula, *PanAmérica*, Rio de Janeiro-GB, Tridente, jul. 1967. Capa de Antônio Dias. Texto de capa de Mário Schenberg. 2ª ed. São Paulo, Max Limonad, 1988; 3ª ed. São Paulo, Papagaio, 2001.

artistas da Nova Figuração, particularmente de Antônio Dias, e a canção de Caetano Veloso e a *Tropicália* de Oiticica. As semelhanças são estruturais, de linguagem e também enquanto operação de descentramento cultural: construtivistas e dessacralizantes, recolocam as relações entre fruição estética e crítica social fora dos parâmetros fixados pela oposição entre experimentalismo e participação, enfatizando não os temas, mas os processos e procedimentos. Opõe-se assim, em outra direção, ao outro importante romance de 1968: *Quarup*, de Antonio Callado, modelo da literatura participante, que enfatiza o poder da arte na conscientização política como contribuição para efeitos de realização de utopias de transformação social.[8]

Já em 1965, a publicação de *Lugar público*,[9] primeiro romance de Agrippino, foi surpreendente, pois destoava das temáticas e técnicas usuais. Pintando uma paisagem cultural na qual é possível notar ressonâncias da literatura existencialista e ecos da *beat generation*, dos cinemas americano e italiano em circulação nos meios intelectuais e artísticos sintonizados com o desejo de modernidade.

8. Antonio Callado, *Quarup*, Rio de Janeiro, Civilização Brasileira, 1968.
9. José Agrippino de Paula, *Lugar público*, Rio de Janeiro, Civilização Brasileira, 1965. Texto de capa de Carlos Heitor Cony. 2ª ed. São Paulo, Papagaio, 2004.

A narrativa flui ininterruptamente, sem divisão de capítulos e figurando aspectos fragmentários da banalidade do cotidiano moderno na cidade de São Paulo. Insipidez, maquinismo, velocidade, multidões, anúncios, cinema, mitologias da cultura de massa são índices da cultura urbana da sociedade industrial, que reapareceriam em *PanAmérica*, e compõem uma narrativa sem história, dessubjetivada.

Entretanto, se *Lugar público* é um romance em que ainda se reconhecem elementos da profundidade, embora não psicológica, da narrativa moderna, *PanAmérica* não é de fato um romance. O livro é assim designado pelo autor: "Epopeia de José Agrippino de Paula". Apresenta características comuns às vanguardas, próximas das tropicalistas, como uma experiência isolada de ficção no Brasil, cuja contundência provém em grande parte de ter dado à mistura de referências culturais um corpo sensível tão emblemático quanto o das canções tropicalistas e o de vários artistas plásticos. Não é à toa que a capa da primeira edição é de Antônio Dias, com uma imagem dos seus violentos quadros narrativos no quadro da Nova Figuração. Texto delirante que finge um efeito de real, a epopeia de Agrippino funciona como uma alucinação, uma fantasmagoria toda feita de cacos, de "estilhaços da cultura".[10] Blocos narrativos descontínuos se sucedem, construindo hipérboles de aspectos das mitologias contemporâneas: sexualidade, luta política, astros cinematográficos, personagens dos esportes, da política, são agenciados numa narrativa despsicologizada e descentrada, irredutível a um painel ou a uma imagem totalizadora. Procedendo por via expositiva, indiciada pelo uso reiterado da conjunção "*e*", o campo onde a narrativa se institui é fragmentário e lacunar. As referências e os fragmentos da cultura são articulados em ritmo cinematográfico, com cortes e fusões. Escrita tóxica, violenta, com excesso de imagens e reiteração dos mesmos elementos, induz o leitor à desvalorização dos objetos designados, com que se dá a destruição da própria imagem. Assim, pulverizando os códigos de produção e recepção, reiterando o visível, hiperbolizando a representação, o texto desmobiliza as expectativas do leitor que nele procuraria um sentido, uma significação profunda, uma crítica. Exterioridade pura, a narrativa corrói o sujeito da representação. O eu reiterado que o narrador dissemina no texto não fixa nenhuma identidade, antes a pulveriza.

10. Evelina Hoisel, *Supercaos, os estilhaços da cultura em PanAmérica e Nações Unidas*, Rio de Janeiro, Civilização Brasileira, 1980.

Não sendo posição de um sujeito, o eu é apenas um efeito enunciativo submetido a um regime técnico, homólogo ao da narrativa cinematográfica. Máquina histérica, a enunciação é ritmada pela repetição, o que pode ser associado à forma industrial da produção cinematográfica.

Epopeia contemporânea do império americano, como disse Mário Schenberg na apresentação da primeira edição, o livro tematiza mitologias da cultura da sociedade industrial. Nessa narrativa ciclópica, os tipos gerados pela indústria cinematográfica de Hollywood são apresentados como naturais, quando são, na verdade, convencionais. Astros e estrelas, intercalados pela aparição de políticos, esportistas e outros personagens, entram e saem de cena, sem nada que justifique ou requeira propriamente uma ação. Os atos e gestos que desenvolvem são típicos, indiciando emblemas do imaginário imperialista. O narrador, nem herói, nem anti-herói, vaga por camas e outros cenários cinematográficos, às vezes como um herói, logo desmentido, que quer destruir o império, destruindo o gigante Joe DiMaggio e conquistando a bela Afrodite, Marilyn Monroe, personagem-ícone de Agrippino. Tomando a forma de uma superprodução hollywoodiana, como *Os dez mandamentos* de Cecil B. de Mille, outro ícone, reconstruindo detalhes das filmagens, cenários, processos e técnicas, expõe a produção da ilusão, como se fosse o desenvolvimento de uma construção romanesca, que configurasse a epopeia de conquista e destruição do grande império do norte. Mas as encenações cinematográficas que apresentam as constelações do império são alternadas com outras encenações, como que abastardando as referências: são as cenas da outra América, que não se submete aos planos de uma operação panamericana, referência clara à política norte-americana de intervenção em alguns países, sob a capa de uma operação pela paz, na verdade de dominação, disfarçada de luta contra a propalada influência comunista. Na epopeia, a única possibilidade de resistência é a guerrilha, pois forma política atópica, desterritorializada, a única que age, não com a força, mas com astúcia.

A referência à situação histórica brasileira é óbvia, alegoricamente tratada. O golpe de 1964, as passeatas, a repressão do governo militar, o surgimento da guerrilha urbana, o clima de terror, a identificação da resistência ao regime com o Partido Comunista, são alguns dos índices. Mas há outros, culturais, como o índio brasileiro na vitrine de uma cidade americana, nu, enfeitado de penas e com o enorme e mole pênis caído até o joelho, portanto exangue, desenergizado à custa da exploração. Esse objeto exótico, imagem brasileira pronta para exportação e consumo, é um raro signo motivado da narrativa, a única manifestação, salvo engano, de um sujeito historicamente afirmado: "Eu sofria internamente, [...] gritei de ódio". Acoplado às referências brasileiras, percebe-se que, intencionalmente, a guerrilha estende-se para toda a América do Sul e Central, indiciando-se nisto o despertar da solidariedade latino-americana, significada principalmente na figura exemplar de Che Guevara.

Na apresentação de *Rito do amor selvagem*, em 1969 – encenação multimídia inovadora, concebida por Agrippino e Maria Esther Stokler a partir de alguns fragmentos da peça *Nações Unidas*, escrita em 1966, ainda inédita – Agrippino caracteriza o processo de composição do texto e da encenação como mixagem, por analogia com o que no cinema é a mistura de várias faixas de som, diálogos, ruídos e música; nele a mistura dos meios, de diversas mídias, articulam informações, fragmentos, na simultaneidade. A falta de fé no poder da palavra, diz ele, o levou ao que denominou "texto de desgaste", todo calcado em estereótipos, restos e cacos da cultura de consumo, significantes-objetos industriais prontos para a circulação, em que o desejo é reificado. É o mesmo processo da composição de *PanAmérica*, em que uma ritualização sem fundo fixa como realidade a simples aparência, substituindo os valores simbólicos da cultura e a profundidade da experiência interior das tramas romanescas por pura exterioridade de acontecimentos que se transformam ícones ou emblemas.[11]

Assim, a atitude configurada nas produções aqui tomadas como exemplares, além de conjugar a reversão artística e o interesse político, enfim, as dimensões ética e estética, as transformações da arte, a renovação da sensibilidade e a participação coletiva, implicava o redimensionamento cultural dos protagonistas das ações. As proposições visavam liberar as atividades do ilusionismo, para que as ações funcionassem como intervenção nos debates do tempo. De modo que, o campo de ação das atividades não se reduzia à crítica do sistema da arte, mas sim se inscrevia como atividade coletiva, visionária, em que se interceptavam a produção de novas subjetividades e a significação social das ações. Portanto, a desestetização processada nesses âmbitos para comportamentos não

11. Cf. Celso Favaretto, "A outra América", *Jornal de Resenhas*, n. 75, 9 jun. 2001. Reproduzido em: Milton do Nascimento (org.), *Jornal de Resenhas*, v. III, São Paulo, Discurso Editorial, 2002, pp. 2.155-7.

significava uma valorização simples das sensações e dos afetos como oposição ao suposto e genérico racionalismo atribuído aos modos de compreender as significações assumidas na arte no Ocidente moderno. Visava, antes, o devir da experiência, em que a totalização do vivido levaria necessariamente à transmutação das relações entre arte e vida e, portanto, dos indivíduos, por meio da transformação da arte em atividade cultural, por efeito da multiplicação e da "expansão celular". Aí então, nos acontecimentos da vida "como manifestação criadora", brilharia o esplendor do sentido, encarnado em situações, indivíduos, processos e comportamentos que desbordariam das regras institucionalizadas do viver-em-sociedade, em favor de um viver-coletivo. Conceituais e sensoriais, esses acontecimentos materializariam uma imagem do pensamento e da existência que valorizariam situações instáveis e indeterminadas, de fim impreciso, típicas das experiências exemplares, simbólicas, nas quais coexistem intensidade de sentido, convicção e violência: transformabilidade.[12]

---

12. Cf. "60/70: viver a arte, inventar a vida", Lisette Lagnado (org.), *27ª Bienal de São Paulo: Seminários*, Rio de Janeiro, Cobogó, 2008, pp. 240-9.

60/70: Viver a arte, inventar a vida[1]

[1]. Catálogo da *27ª Bienal de São Paulo: Seminários, 2006*, Lisette Lagnado (org.), Rio de Janeiro, Cobogó, 2008, p. 240-9.

Houve um tempo no Brasil, no início dos anos 1960, em que se alimentou a ilusão de que a conscientização e a mobilização política do povo acerca dos problemas da realidade nacional, tendo em vista a sua transformação, poderiam ser impulsionadas por projetos artístico-culturais. Foi um tempo de onipotência e grande generosidade, mas também, com a derrota de 1964, de frustração das paixões revolucionárias. Houve depois um tempo, de 1965 a 1968, em que se apostou nas virtudes e na eficácia imediata da indignação, da agressão, do escândalo, da irreverência e da violentação, conformadas por ações políticas e experimentações artísticas radicais. Foi o tempo da revisão e da crítica dos projetos culturais que tinham siderado os debates até 1964, notabilizando-se por uma extraordinária proliferação de inventos, interrompida por uma nova investida repressiva do regime, com o AI-5. E houve ainda um tempo, até meados dos anos 1970, em que o interesse de transformação imediata e totalizante da realidade nacional foi em parte deslocado por manifestações culturais alternativas de diversos matizes. Em uma delas, a contracultural, o desejo de transmutação total da vida, articulado por um pensamento que se queria fundado em uma nova sensibilidade, imaginou a possibilidade de reinvenção da vida por meio de uma atitude feita de candura, prazer e êxtase que passaria ao largo das contingências sociais, morais, religiosas, políticas e artísticas instituídas. Foi o tempo da floração de experiências comunitárias e de acontecimentos artísticos e coletivos marcados pelo desejo de renovação da vida. Mas foi também o tempo de outras experiências alternativas, mais complexas, que, além de incluírem a nova sensibilidade cultural, exploraram possibilidades experimentais mais sofisticadas na arte e nos comportamentos, compondo uma atitude que saltava do imbricamento de modernidade e marginalidade.

Entre o início da década de 1960 e meados dos anos 1970, essas posições extremas tensionaram a cultura, configuradas em formas e imagens específicas de exercício do inconformismo ético-estético – inerente à atitude básica de recusa e negação dos valores sociais e modo de vida imperantes, foi materializado em uma ampla gama de ações, da militância revolucionária, às vezes violenta, à estetização da revolta. Em todo esse percurso, uma ideia, uma atitude, também conceito e operação, ativou as práticas culturais: a *participação*. Ela retinha o essencial da recusa, do espírito contestador que atravessou as duas décadas – ora respondendo imediatamente, por expressões diversas e matizadas, à repressão e à censura do regime militar; ora recusando os imperativos da modernização, os dispositivos tecnológicos e industriais de relacionamentos pessoais, sociais e com a natureza; ou afirmando o desejo de mudar a vida, de reinventar o que tinha sido rebaixado, abrindo-se às possibilidades ainda não exploradas da atitude moderna.

Rememorar a metamorfose e as figurações dessa atitude, na diversidade das circunstâncias culturais, permite pensar o mito que as motivava: o desejo de uma sociedade justa, imaginada no horizonte de uma sociabilidade que incluía o sentimento de comunidade e solidariedade como fundamento das mudanças em direção à solução das desigualdades. Nessa trajetória, ocorre a passagem da ética da participação entendida como imperativo histórico – implicando responsabilidade social e formas determinadas de comprometimento político – para uma outra posição, de uma ética não imperativa, em que a participação coincidia com a transmutação pessoal. Essas duas direções prioritárias, a princípio contrárias, supunham modos diversos de exercício de uma estética da vida; supunham modos de existência e de estilos de vida distintos: da invenção de possibilidades de vida fundadas ora no sentimento da história ora no da comunhão afetiva com o universo.

Nos anos 1960, as esperanças fervorosas de transformação política e social, formuladas em projetos artístico-culturais, respondiam à crença de que a arte capacitaria o homem para compreender, suportar e mesmo modificar a realidade. Contudo, a desconfiança nas formas de insubordinação derivadas dessa posição se tornaram relevantes depois de 1964. A conjunção de experimentalismo artístico e crítica social produziu variadas expressões artísticas, no limite emblematizadas pela arte de protesto e pelo tropicalismo, que redimensionaram a atitude e as ações culturais de recusa. No início dos anos 1970, na complexa e híbrida situação artístico-cultural, em que se mesclavam ideias e práticas tropicalistas, elementos provenientes do *underground* internacional e da racionalidade cultural moderna, disseminavam-se uma atitude e manifestações artístico-comportamentais motivadas pelo desejo de mudar a vida, que mesmo quando em chave neorromântica, como a da contracultura, centrava-se na recusa da totalidade da vida burguesa e, particularmente, da sociedade tecnológico-industrial. O apelo político não estava contudo ausente, mesmo diante da repressão do regime, mas se tratava de uma outra política, que apostava nas vivências comunitárias e de grupos como condição para a descoberta e a abertura de novos espaços em que se articularia uma nova imagem coletiva da humanidade e relações não-opressivas entre indivíduos.

É no deslocamento da arte das obras para os processos de criação que se localiza a pedra de toque das transformações que tinham no horizonte o nexo entre arte e vida, como estetização ou como "artealização" da vida, conforme se entenda as relações de arte e vida.[2] A substituição das promessas da arte das obras por uma arte de viver implicava a crítica da autonomia da arte e da obra de arte, em favor de proposições abertas, com ênfase na criação coletiva, mesmo quando, ambiguamente, ocorria uma estetização da vida cotidiana pela integração dos produtos artísticos ao mercado e ao consumo de bens culturais.

Nos anos 1970, a mitologia da liberação, do prazer e do desejo pretendia articular uma atitude que coincidia com a estetização da vida – mudança dos modos de vida, dos costumes, dos sentidos, com ênfase no consumo de drogas, no culto do corpo, no sexo, na vestimenta, nas vivências comunitárias, na música, no misticismo oriental ou

---

2. Cf. Alain Roger, *Nus et paysages -- Essai sur la fonction de l'art*, Paris, Aubier, 1978.

nas práticas marginalizadas, como a umbanda e o candomblé – visando a um alcance planetário, com a atenuação de fronteiras de todo tipo: raciais, culturais, políticas etc. Diferentemente da atitude revolucionária dos anos 1960, empenhada em transformar a realidade e o mundo, por meios políticos convencionais ou, no limite, por meio da guerrilha, a atitude contracultural imaginava uma transformação total das pessoas, inclusive por meio de uma espécie de revolução psicodélica, com a expansão da sensibilidade. Evidentemente, revolução limitada aos extratos burgueses da sociedade.

O deslocamento da arte comprometida com a transformação da realidade nacional, em que a participação tornara-se um imperativo para uma arte que colocava a ênfase nas mudanças de comportamento, ambas interpretando o que se passava *entre* a arte e a vida, teve o seu ponto de inflexão nos anos 1967-1968 – o momento tropicalista da cultura brasileira. Ao colocar em questão as respostas elaboradas pela modernização e pela política do governo militar, as artes de vanguarda radicalizaram as propostas e as experiências que vinham se processando desde o final de 1964. Nas artes plásticas, entre as mostras Opinião 65 e Nova Objetividade Brasileira (1967), nos trabalhos de grupos e nas produções individuais, surgiram os signos de uma produção diversificada que respondia à necessidade de inventar maneiras mais eficazes de articular a modernidade vanguardista, os imperativos do contexto sociopolítico brasileiro e a emergência de novos comportamentos. Tratava-se, naquele tempo, de propor novamente a arte como modalidade de intervenção na realidade; mais propriamente, em aspectos específicos da realidade, como por exemplo no sistema de produção cultural e nas comunicações de massa. A totalidade aparecia por alusões, frequentemente sob o modo da figuração alegórica. Foram a antiarte ambiental de Hélio Oiticica e a tropicália dos músicos baianos que produziram as indicações mais inventivas e eficazes das transformações que corroeram as expectativas usuais sobre os efeitos esperados do comprometimento político-social das artes – inclusive pela emergência nessas práticas do vivencial antes apenas idealizado, no mesmo nível das demais questões. Juntamente com significativas produções do teatro (*O rei da vela*, do Oficina, 1967), do cinema (*O bandido da luz vermelha*, de Rogério Sganzerla, 1968) e da literatura (*PanAmérica*, de José Agripino de Paula, 1967), a música tropicalista e a antiarte ambiental de Oiticica, especialmente o projeto ambiental *Tropicália*

(1967?), promoveram uma crítica dos modos e lugares institucionalizados de criação, evidenciação e circulação da arte, e a incorporação dos novos comportamentos que estavam sendo difundidos.

Naquele tempo, uma arte da ação, de convite ou exigência de participação, foi problematizada, pois a rearticulação geral do campo produzida pela intervenção tropicalista tornara uma boa parte daquela arte irrecuperável pelo princípio da representação, ainda o fundamento dos dispositivos artísticos de mobilização. Essas experiências configuravam novos modos de sentir, de se relacionar, de agir socialmente, com que pretendiam induzir novas formas da subjetividade, inclusive política, pelo entendimento que faziam da fusão entre arte e vida. Tempos de combate, tempos de promessas emancipatórias, muito diversos dos tempos recentes, da desilusão histórica. Tratava-se então de inventar proposições, soluções imaginativas que, por uma ação que nem sempre visava a resultados esperados por efeito da conscientização, deveriam distender as formas da experiência. Lembrando algumas ideias de Michel Foucault, tratava-se de conceber a vida como arte, implicando a constituição de modos de existência, de estilos de vida, que relevassem da estética e da política. Imbricamento, portanto, de ética e estética, como queriam os artistas dos anos 1960 – visionários, que enxergavam nesse modo de generalização da arte a possibilidade de reinvenção da política e da vida. E esse imbricamento, como se sabe, princípio e procedimento moderno, implicava uma intervenção no próprio coração do ato artístico: pois o novo, o que diferencia e abre o vulto da significação, é ruptura, abolição da representação, da forma eleita, inventor da vida nova. Busca política, isto é, busca do que é "comum", procura "das reconfigurações do sensível comum", fraturas que Jacques Rancière entende como contribuição "para a formação de coletivos de enunciação que repõem em questão a distribuição dos papéis, dos territórios e das linguagens [...] desses sujeitos políticos que recolocam em causa a partilha já dada do sensível".[3] Embora às vezes ingênuos, pensados hoje retrospectivamente, os projetos e as ações das artes dos anos 1960, enquanto imaginavam um modo solidário de vida social, alegorizado em suas experiências, consideravam que as ações derivadas das propostas e dos programas eram já, de uma maneira ou de outra, agentes efetivos de transformação das relações intersubjetivas e coletivas. Acreditava-se, quase sempre, no valor simbólico das ações, na

3. Jacques Rancière, *A partilha do sensível*, São Paulo, Ed. 34-Exo, 2005, pp. 60-1.

força do instante e do gesto. Ora, esses atos eram produzidos. Substituía-se o mito da criação artística pela ideia de que a invenção é trabalho, é produção. Considerava-se, assim, a arte um trabalho que contribuiria para realizar a "transformação do pensamento em experiência sensível da comunidade".[4]

Tomemos como exemplar das propostas e ações dos anos 1960 a maneira como Oiticica propôs a participação coletiva. A sua antiarte ambiental, além de conceito mobilizador para conjugar a reversão artística e o interesse político, as dimensões ética e estética, a superação da arte, a renovação da sensibilidade e a participação, implicava o redimensionamento cultural dos protagonistas das ações, de artistas e de público. As proposições visavam liberar as atividades do ilusionismo para que as ações funcionassem como intervenção nos debates do tempo. As propostas estéticas não se desligavam da intervenção cultural. Pois, para Oiticica, o campo de ação de sua atividade não se reduzia à crítica ao sistema da arte: inscrevia-se como uma atividade coletiva, em que se interceptavam a produção de novas subjetividades e a significação social das

4. Ibidem, p. 67.

ações. Como ele dizia, não visava com a antiarte à criação de um "mundo estético", pela aplicação de novas estruturas artísticas ao cotidiano, nem simplesmente diluir as estruturas no cotidiano, mas, acima de tudo, transformar os participantes "proporcionando-lhes proposições abertas ao seu exercício imaginativo", de modo a fazer dele "objetivo em seu comportamento ético-social". Tratava-se, portanto, de uma outra inscrição do estético: o artista como motivador da criação; a arte como intervenção cultural. O imaginário que conduzia o trabalho experimental de Oiticica é aquele que se interessa pela função simbólica das atividades – com a consequente suplantação da imaginação pessoal em favor de um imaginativo coletivo – desligando-se portanto dos tradicionais interesses pelos simbolismos da arte. Decorria daí que as ações relevantes deveriam supor uma adequada perspectiva crítica para a identificação das práticas culturais com efetivo poder de transgressão – o que, por sua vez, proviria da confrontação dos participantes com as situações culturais, sociais, políticas, artísticas determinadas. Assim, inconformismo estético e inconformismo social coincidiriam, estabelecendo conexões inéditas entre o individual e o coletivo, de modo que a circularidade entre experiência pessoal e experiência artística atingiria uma outra ordem do simbólico, redefinindo o ponto de vista estético pelo deslocamento do individual e do social da atividade artística.

Em *Éden*, o campo experimental construído em 1969, em Londres, Oiticica condensou a ideia geradora e a redefinição da arte que vinha efetuando desde os inícios dos anos 1960, tendo em vista uma concepção de estar no mundo, sugerindo, com a proposição visionária do *crelazer*, um ambiente total comunitário. Nessas proposições ambientais, Oiticica configurou a sua poética do instante e do gesto, consignando a concepção de arte como estado de mudanças de comportamento teorizada em sua proposição do *suprassensorial*. A extensão da arte na vida, a proposta de uma criatividade generalizada, liberada pela conquista do "espaço real" no *Parangolé*, o levou à concepção de "estruturas germinativas" – âmbitos para comportamentos, em que a tônica sensorial desliga os efeitos do político com função imediatista, relativizam a anterior ênfase no conceitual e no procedimental, exigidas para a efetivação da diluição do estrutural, da superação da pintura, da obra e da arte, instaurando a arte nos fios do vivencial. Portanto, essas estruturas são novos âmbitos para os "exercícios imaginativos" surgidos do tensionamento entre o conceitual e o "fenômeno vivo".[5]

No lugar do equívoco patente na mistificação do vivido proveniente da supervalorização de experiências descondicionantes e do simples elogio da espontaneidade perceptiva e afetiva, Oiticica propõe as células germinativas como fundação de estruturas, ou células-comportamento, que implicariam o esperado redimensionamento cultural dos participantes. Portanto, a desestetização processada nesses âmbitos para comportamentos não significaria uma valorização simples das sensações e dos afetos como oposição ao suposto e genérico racionalismo atribuído aos modos de compreender as significações assumidas na arte no Ocidente moderno. Visava, antes, o devir da experiência, em que a totalização do vivido levaria necessariamente à transmutação das relações entre arte e vida e, portanto, dos indivíduos, por meio da transformação da arte em atividade cultural, por efeito da multiplicação e da "expansão celular". Então, nos acontecimentos da vida "como manifestação criadora", brilharia o esplendor do sentido, encarnado em situações, indivíduos, processos e com-

---

5. Cf. Luciano Figueiredo, Lygia Pape e Waly Salomão (org.), *Aspiro ao grande labirinto*, seleção de textos de Hélio Oiticica, Rio de Janeiro, Rocco, 1986, pp. 102 e ss.

portamentos que desbordariam das regras institucionalizadas do viver-em-sociedade, em favor de um viver-coletivo. Conceituais e sensoriais, esses acontecimentos materializariam uma imagem do pensamento e da existência que valorizariam situações instáveis e indeterminadas, de fim impreciso, típicas das experiências exemplares, simbólicas, nas quais coexistem intensidade de sentido, convicção e violência: transformabilidade. Essa poética do instante e do gesto não visa aos simbolismos da arte mas à simbólica dos estados de transformação. Assim entendidas, as ideias e proposições de Oiticica encontrariam nas décadas seguintes plena atualidade e inúmeras atualizações.

Pode-se fazer uma analogia entre a poética do instante e do gesto de Oiticica com aquilo que Roland Barthes chamou de o "espaço do viver-junto".[6] Nos *Ninhos* (1970-), em todas as suas ambientações, Oiticica queria gerar espaços de proximidade, marcados pelo tato, pelo toque, constituindo o que Barthes denomina um "microterritório", uma "rede polifônica de todos os ruídos familiares", onde haveria para Oiticica "calor ambiental". Reterritorializante, o viver-junto é, para

---

6. Roland Barthes, Como viver junto, São Paulo, Martins Fontes, 2003, pp. 153-4.

Barthes, um fato espacial,[7] mas também temporal, já que as mutações da temporalidade moderna são indissociáveis das transformações do espaço moderno. Para Oiticica, a modalidade de experiência engendrada nesses espaços pode levar os participantes ao exercício de vivências que relevam a invenção da vida como manifestação criadora. Esse espaço gera uma "comunidade idílica, utópica: espaço sem recalque", pois "numa comunidade, há escuta erótica, escuta do prazer que me chama e do qual sou excluído", diz Barthes.[8] Portanto, esse espaço em que a vida se reinventa é, para ambos, o Éden, circunscrição ideal da comunidade, do viver-junto.[9]

Tal ideia, que se estendeu do final dos anos 1960 até meados da década de 1970, inscreveu as categorias de *marginalidade* e de *nova sensibilidade* como responsáveis pelas ações e vivências que se pretendiam livres das normatizações cotidianas e institucionais. A arte e os comportamentos nos fios do vivencial substituem a aderência, na tradição, à experiência das obras de arte. A ênfase no vivencial é sintoma de que na cultura moderna a perda de certa modalidade de experiência e o

7. Ibidem, p. 11.
8. Ibidem, pp. 156-7.
9. Ibidem, p. 95.

engendramento de outra postula uma outra temporalidade – a que contempla a multiplicidade, a simultaneidade, o transitório e o precário, adequada aos novos comportamentos e vivências. Experimentalismo, invenção, nova sensibilidade e marginalidade são os signos, até mesmo conceitos operacionais, das imaginadas transformações da arte e da vida, agenciadas no horizonte de uma "estética da curtição".

A contracultura no Brasil, ao mesmo tempo em que acolhia as indicações da vaga internacional do *underground*, trouxe também contribuições para o desenvolvimento de uma produção artística e cultural de grande relevância para a abertura da contemporaneidade. Essa produção, muito complexa, resultou da extensão das práticas tropicalistas, na arte, na cultura e nos comportamentos e, também, na gestação de renovadas formas de resistência à repressão e à censura do regime. A oposição à racionalidade da modernização conservadora e ao controle social dos comportamentos e das expressões artístico-sociais diferia da contestação, da denúncia e da exortação típicas dos anos 1960. Na esteira da atividade tropicalista, a contestação não se fazia explicitamente, mas centrada no gesto subversivo cuja eficácia estava no embaralhamento das normas e regras que condicionavam a vida individual e social, visando acentuar o funcionamento real, isto é, controlador, das instituições. A transformação interior, às vezes mística, e a das condutas cotidianas comporiam um só movimento em direção a uma espécie de revolução pacífica dos modos de vida.

Apesar das inegáveis posturas regressivas, é preciso destacar a importância conferida nas experiências alternativas aos signos e às vivências das modalidades culturais postas em evidência pelo descentramento detonado pelo tropicalismo. De fato, incluíram não só ideias, vivências e experiências dos orientalismos, do movimento das mulheres, da liberação sexual, do pacifismo, dos negros, dos índios, do ambientalismo e da ecologia, das drogas, das novas formas de discursos e relacionamentos amorosos, das linguagens, características comuns ao *undergorund* internacional, mas também, como uma marca especificamente brasileira, o interesse pela umbanda e pelo candomblé, erigidos em práticas contraculturais, e até de resistência à cultura institucionalizada e suas manobras repressivas, valorizadas enfim sobretudo por sua marginalidade, social, política, cultural e religiosa.

As variáveis artísticas e culturais trazidas pelas práticas alternativas, devedoras da abertura propiciada pela atividade tropicalista, interferiram decisivamente na situação cultural dos anos 1970, contribuindo basicamente em duas direções. De um lado, no repensamento e redirecionamento das expressões políticas da arte, dada a inviabilização dos modos elaborados na década anterior. De outro, colaborando para repensar o lugar da vasta e complexa produção artística em desenvolvimento – particularmente das novas modalidades experimentais, mormente conceituais – em função da situação da cultura surgida do alinhamento do país aos mais recentes desígnios do capitalismo, com suas repercussões na produção e consumo de cultura. As produções pós-tropicalistas passaram a incluir, sem preconceitos, nas experimentações, na teoria e na crítica, pressupostos, regras e técnicas das linguagens dos sistemas de comunicação e de outras procedências. Com isso, frequentemente essa arte jogava com o ludismo, a estranheza e a reflexividade, principalmente com a dificultação da percepção da forma e com a incomunicabilidade – com que era frequentemente acusada de esoterismo.

Assim, a produção alternativa dos anos 1970, mesmo a contracultural, apesar de seu neorromantismo, manteve, por meio de ideias e práticas tropicalistas, relações, embora ambíguas, com as posições ético-estéticas delineadas nos anos 1960. De um lado, retendo o impulso experimental, a sofisticação técnica, a tematização dos problemas gerados pela modernidade cultural e, de outro, enfatizando a sensorialidade, o caráter simbólico dos gestos, as experiências de limite, os comportamentos renovados, acaba por ensaiar, entre a evasão e a integração ao sistema, novas possibilidades de crítica da cultura. Pretendendo superar o empenho com a participação – desinteressando-se da temática da "realidade brasileira" que havia siderado os debates dos anos 1960 –, situa-se no horizonte crítico da descentralização e do hibridismo cultural.

Vivendo sob o signo da parcialidade, pela valorização do fragmento em detrimento do todo, as experiências alternativas contribuíram para o redimensionamento das relações entre produção artística, fruição e público. A recepção não mais provinha da conaturalidade com os temas, motivos e expectativas de redenção social, prometidas pelo mito da arte que totalizava o real, mas do reconhecimento das pessoas envolvidas, dos âmbitos do desejo, da reciprocidade, o que pressupunha novas formas de subjetividade e um outro entendimento do ideal de convivência social, grupal e inter-individual.

Evidentemente, as experiências alternativas, particularmente a contracultural, foram alvo de fortes ressalvas ético-políticas, principalmente por parte de setores comprometidos com os projetos de participação política dos anos 1960 – que as tomavam como expressão cabal de alienação política e produto típico do vazio cultural ocasionado pelo AI-5. É certo que, fenômeno complexo, ambíguo, feito de experimentação, incomunicabilidade e adoção de signos e processos da cultura de consumo, reterritorializou o espaço artístico-cultural. Diferia, contudo, da territorialização que se processava: a tentativa, que se mostraria ilusória, de constituição de um verdadeiro sistema de arte e de um consistente mercado de arte, consentâneos à modernização econômica e cultural do país.

É nesse quadro, já marcado pelos primeiros sinais políticos de redemocratização, que as experiências alternativas, principalmente as contraculturais, se diluíram. O destino delas foi, contudo, ambíguo. Seus despojos foram, em parte, recuperados pelo sistema cultural industrial. Mas parte significativa, principalmente a abertura dos novos modos de vida, foi incorporada como elemento novo da experiência cultural, inscrevendo os signos vivos de uma cultura em trânsito, entre o moderno e o contemporâneo.

a	🖼	h	🖼
b	🖼	i	🖼
c	🖼	j	🖼
d	🖼	k	🖼
e	🖼	l	🖼
f	🖼	m	🖼
g	🖼	n	🖼

o p q r s t u

v w y x z

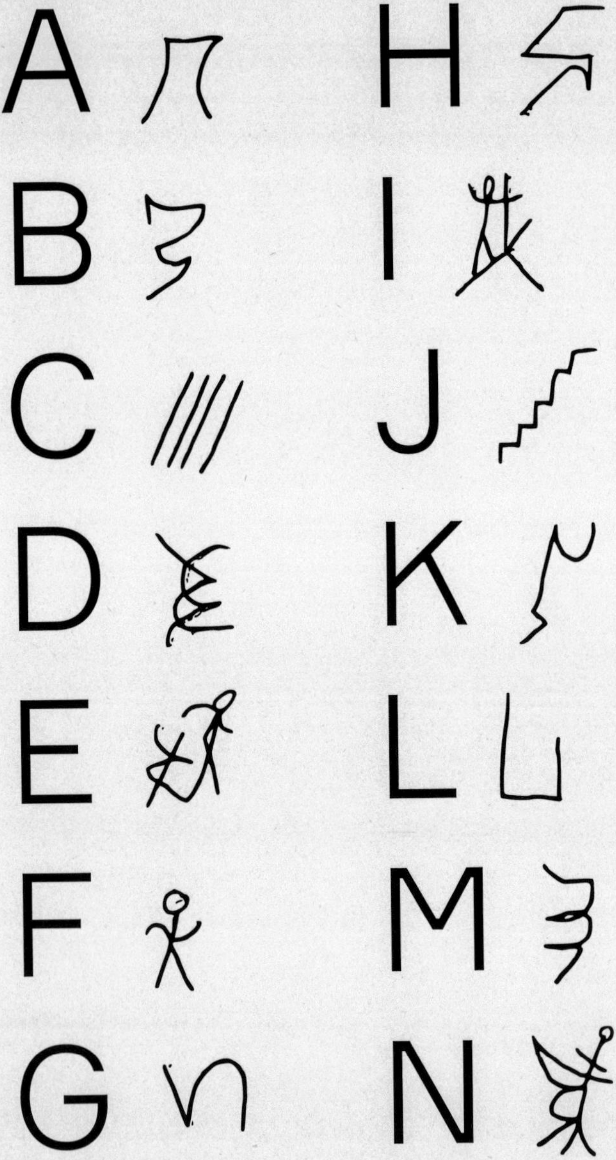
A
B
C
D
E
F
G
H
I
J
K
L
M
N

O		V	
P		W	
Q		Y	
R		X	
S		Z	
T			
U			

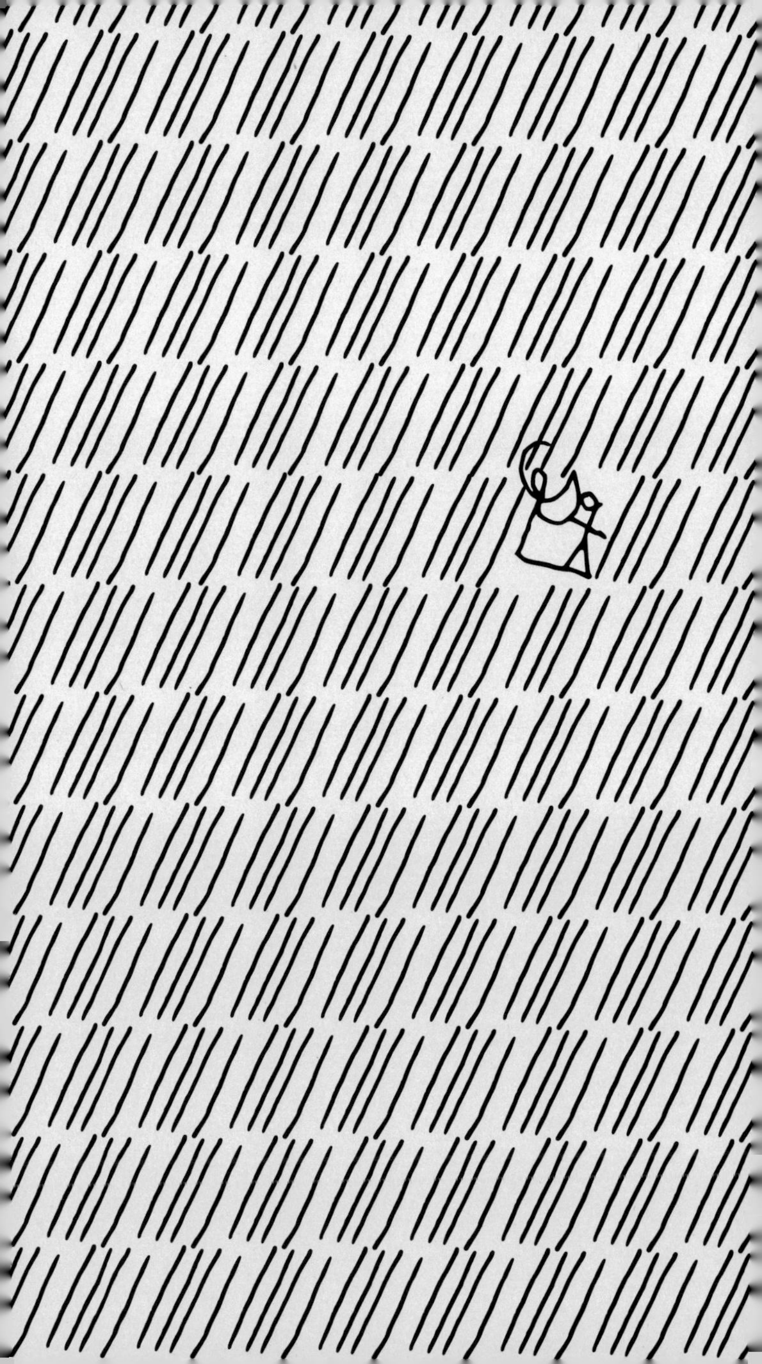

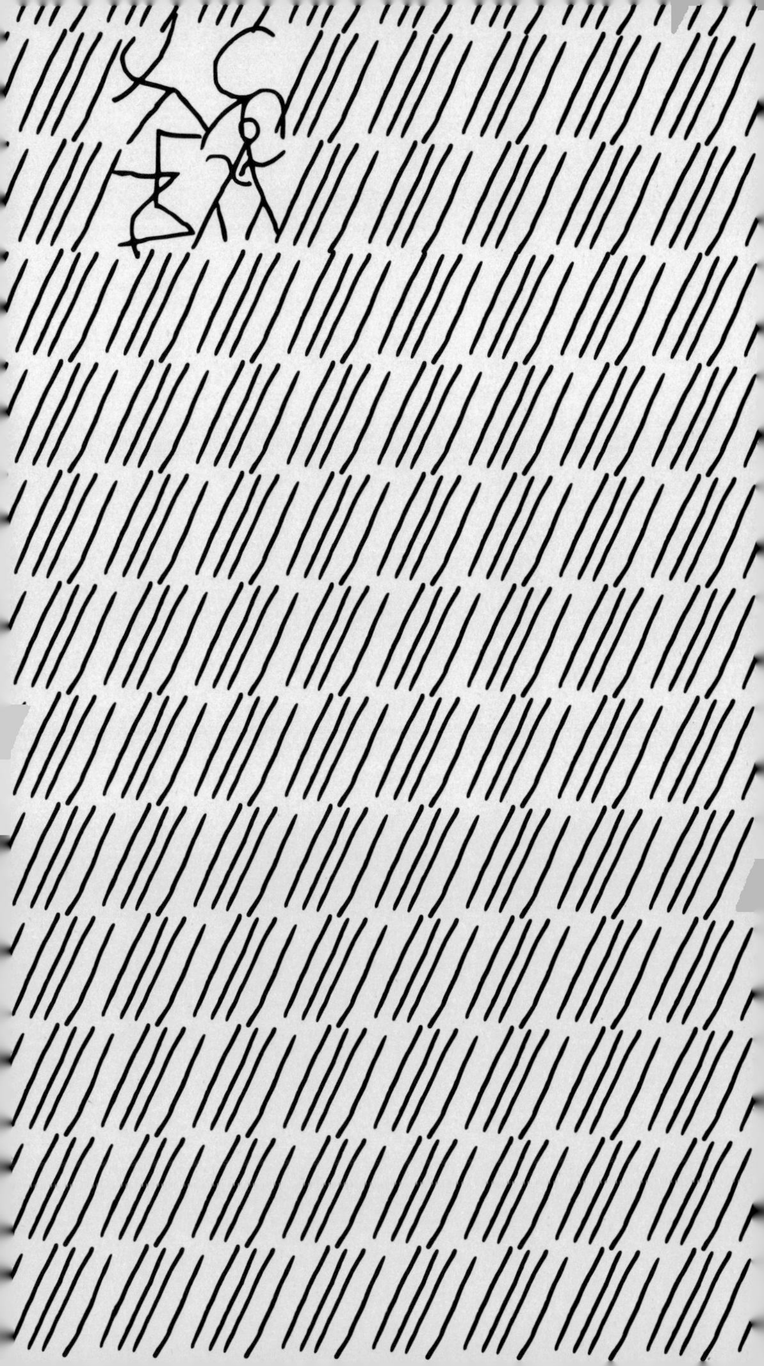

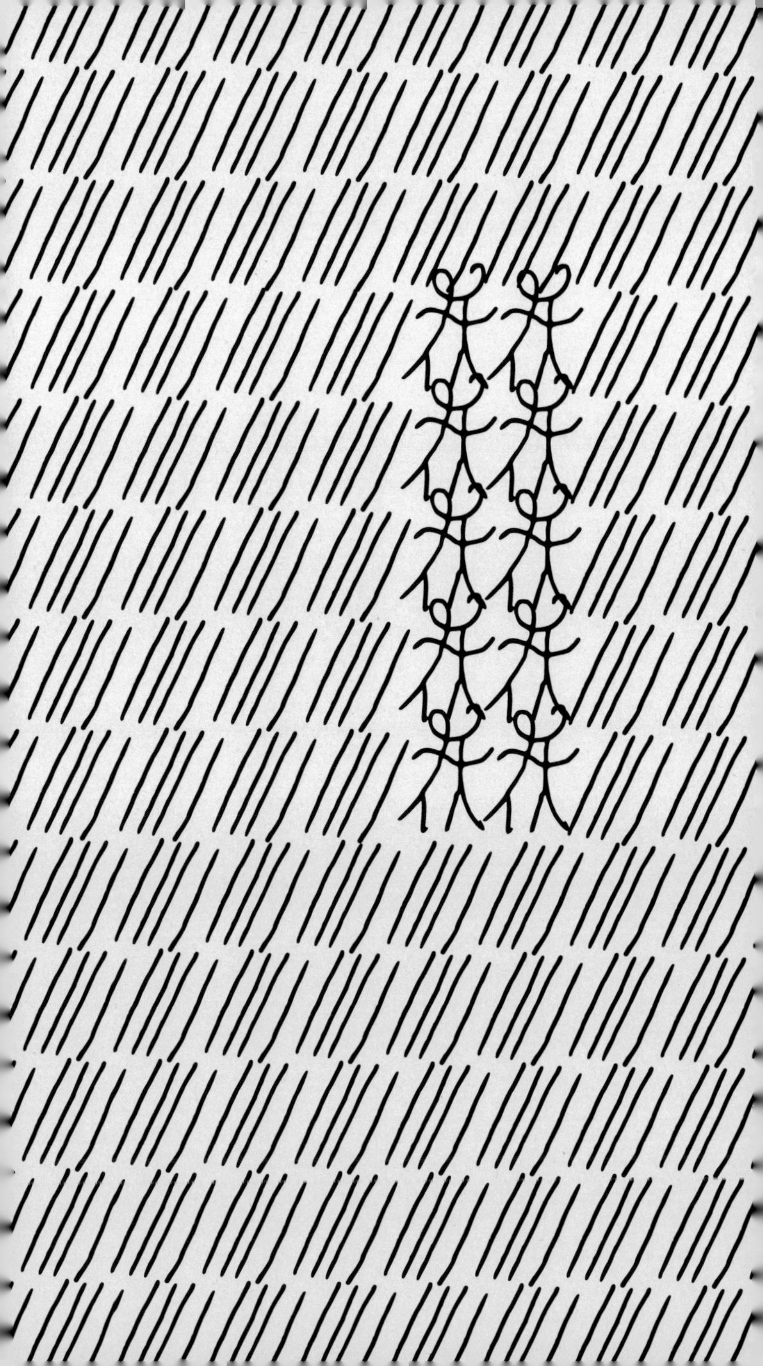

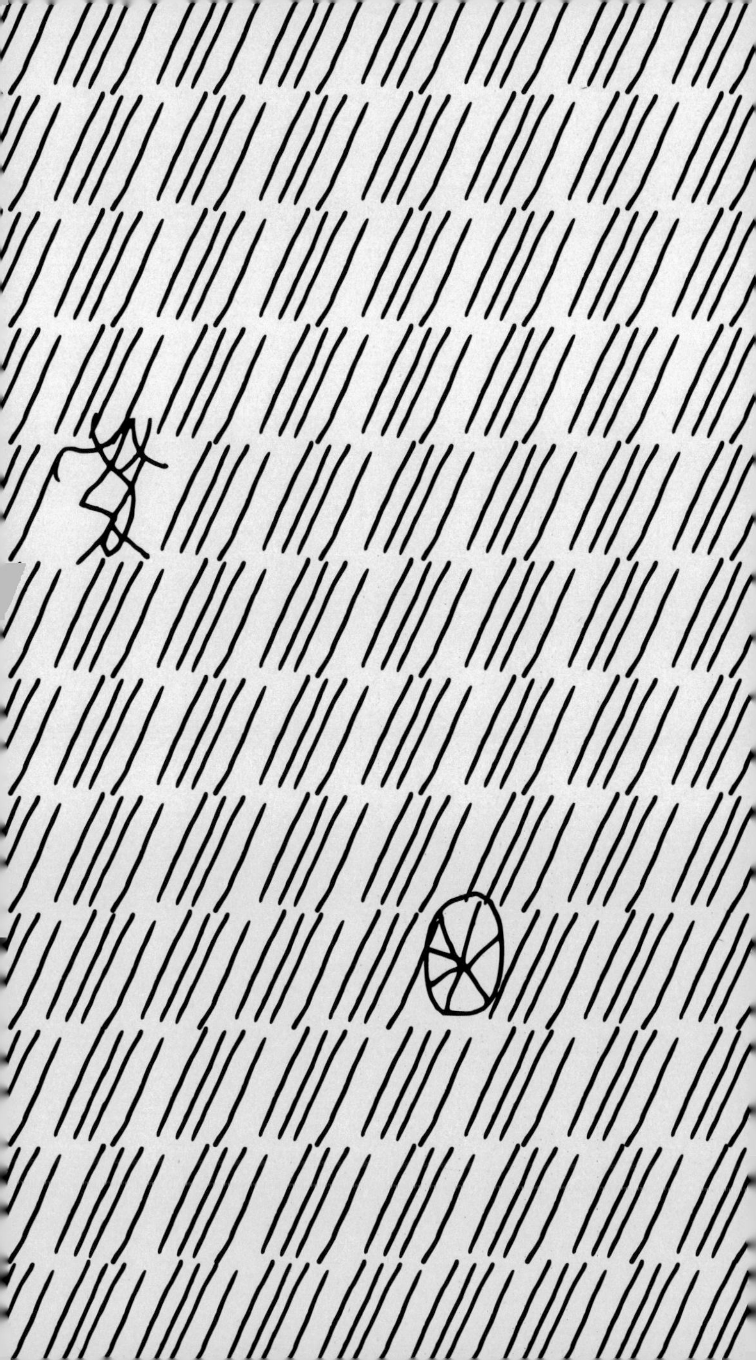

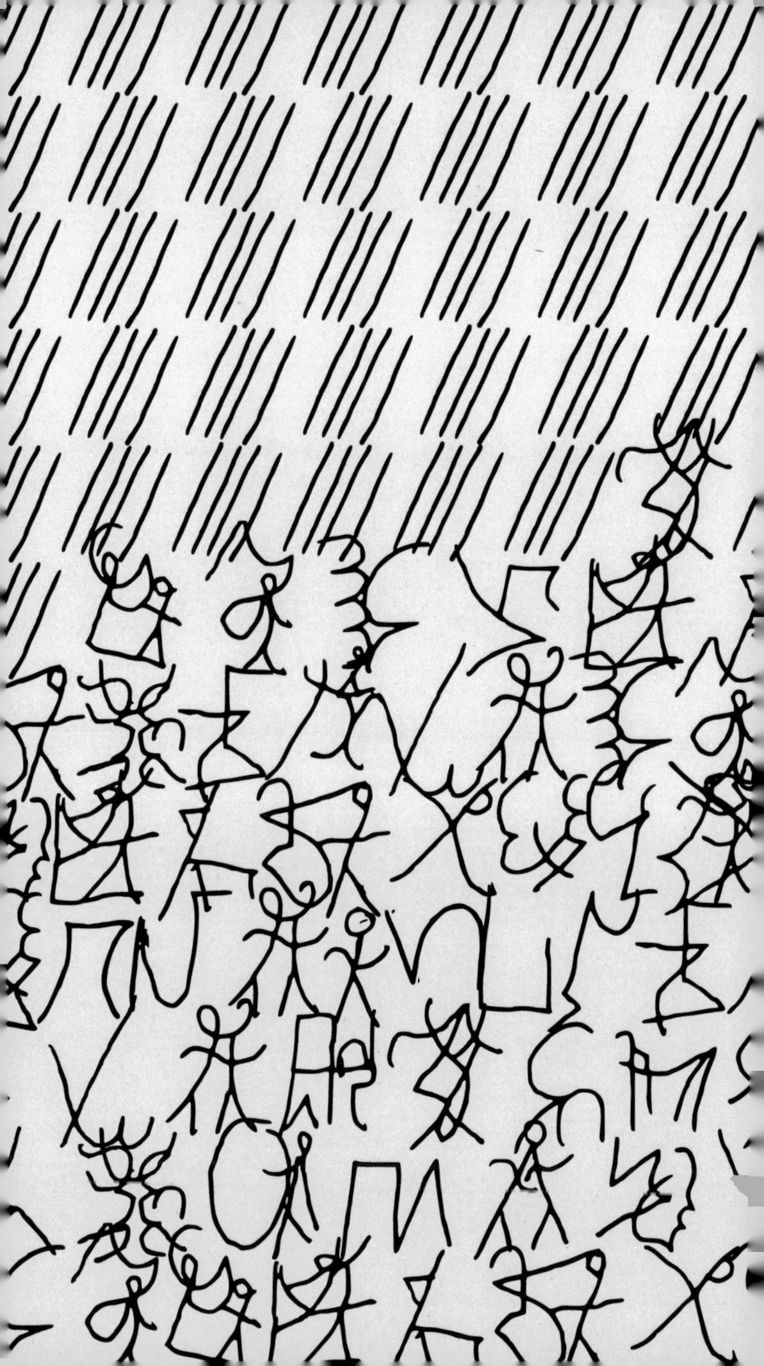

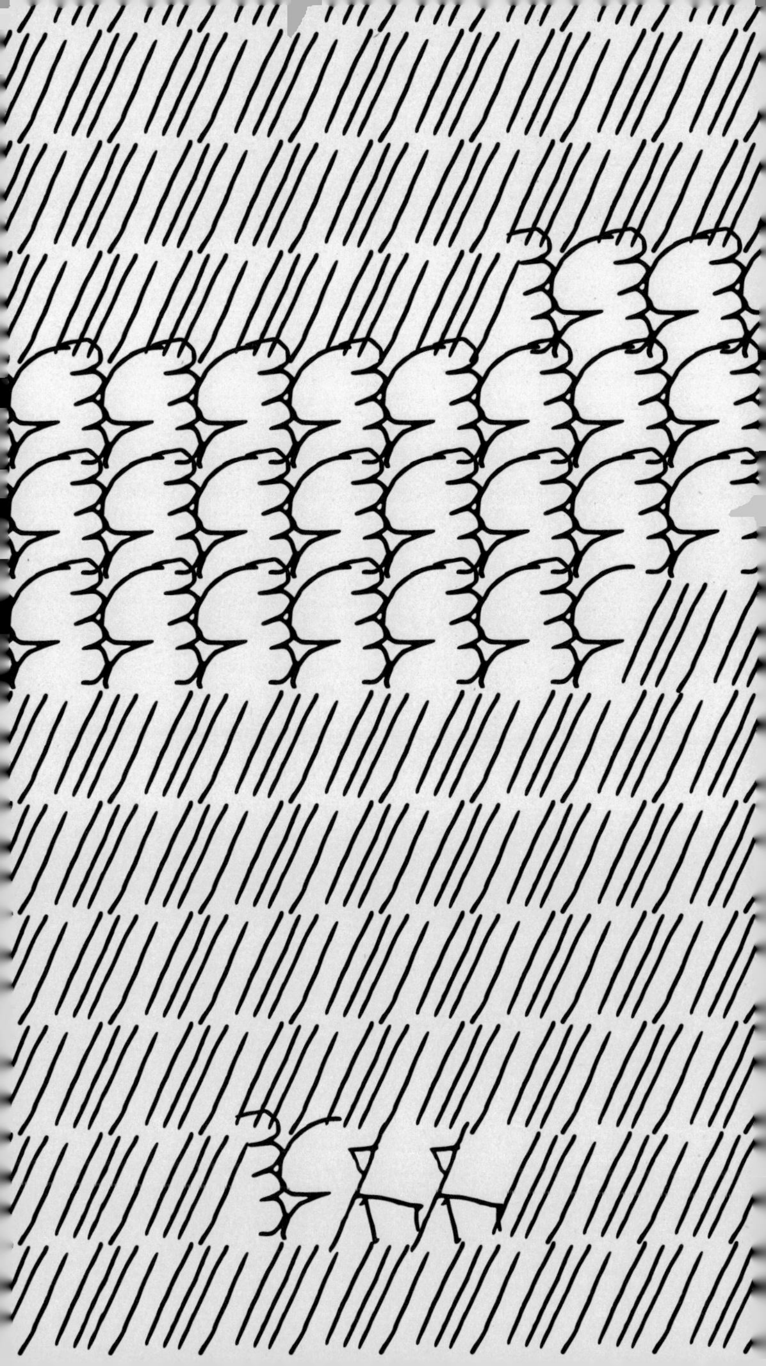

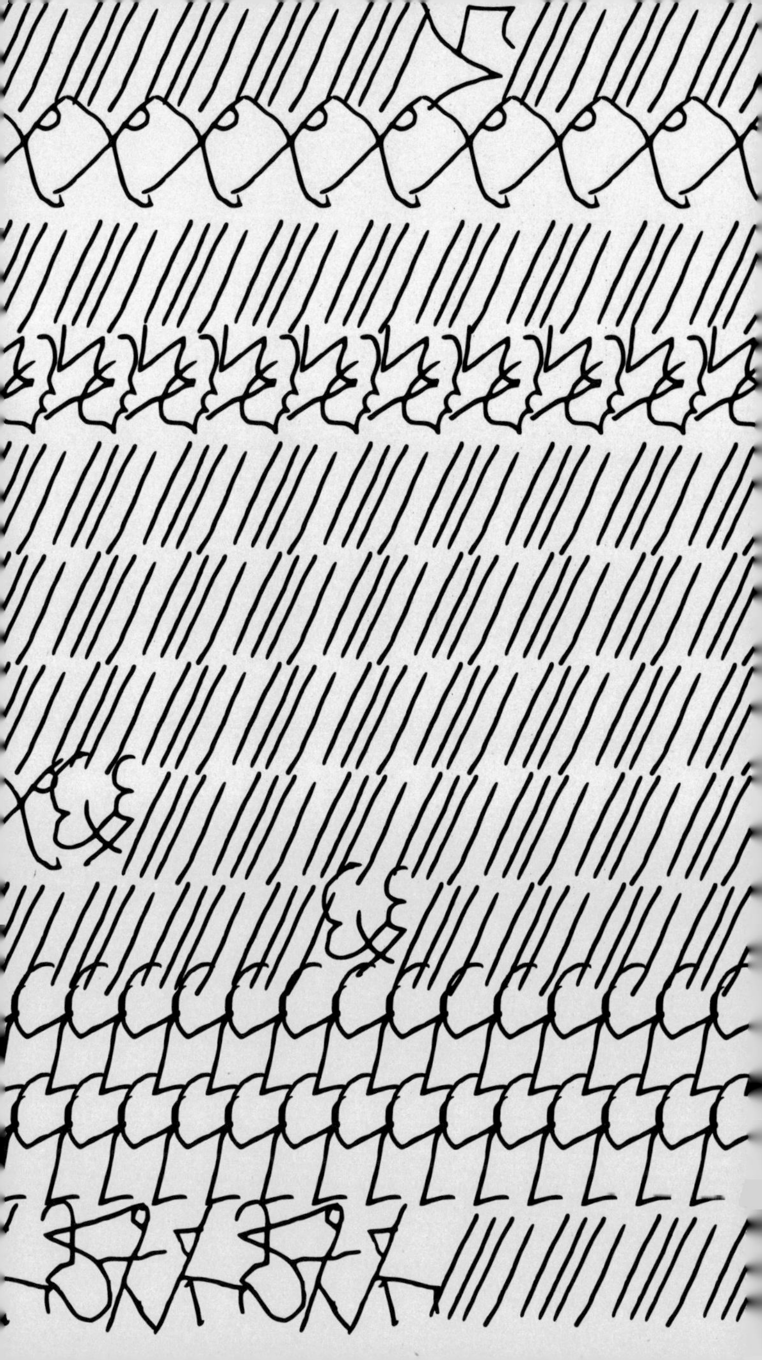

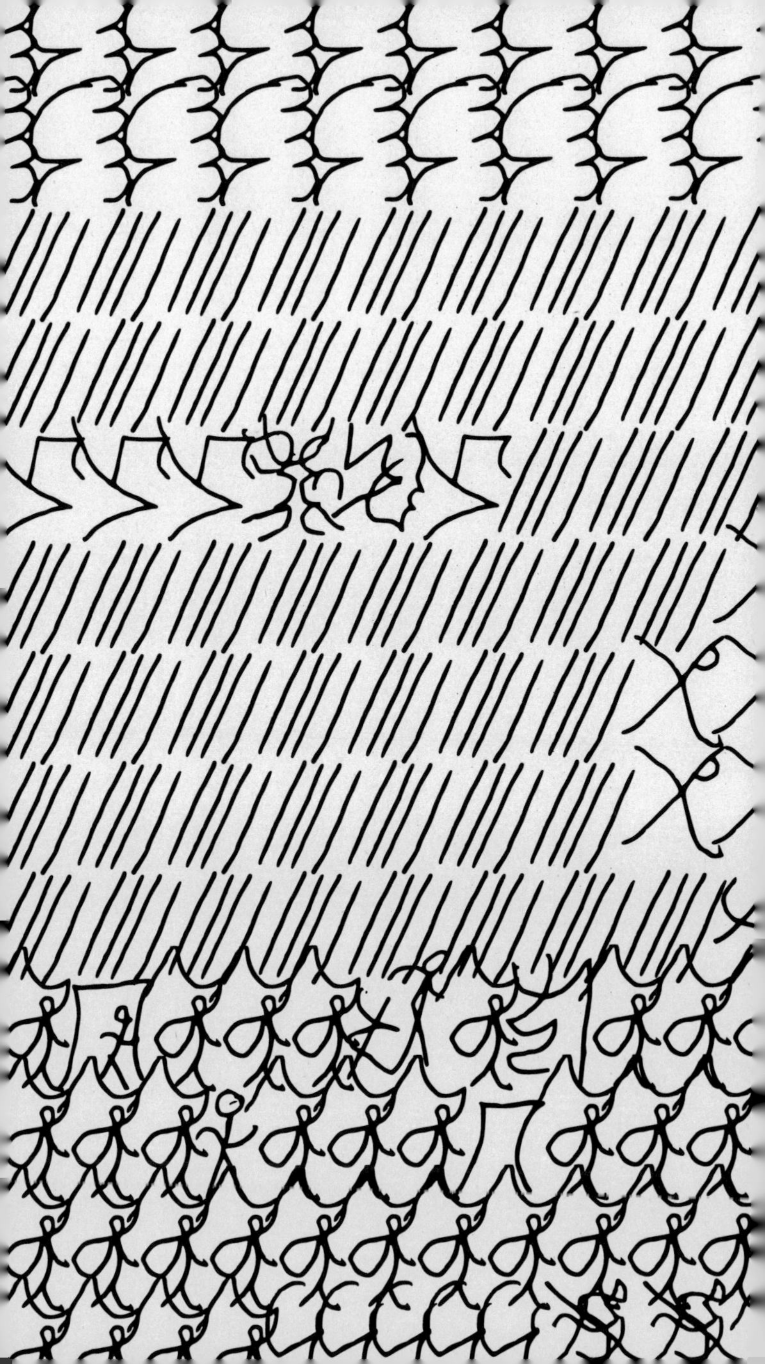

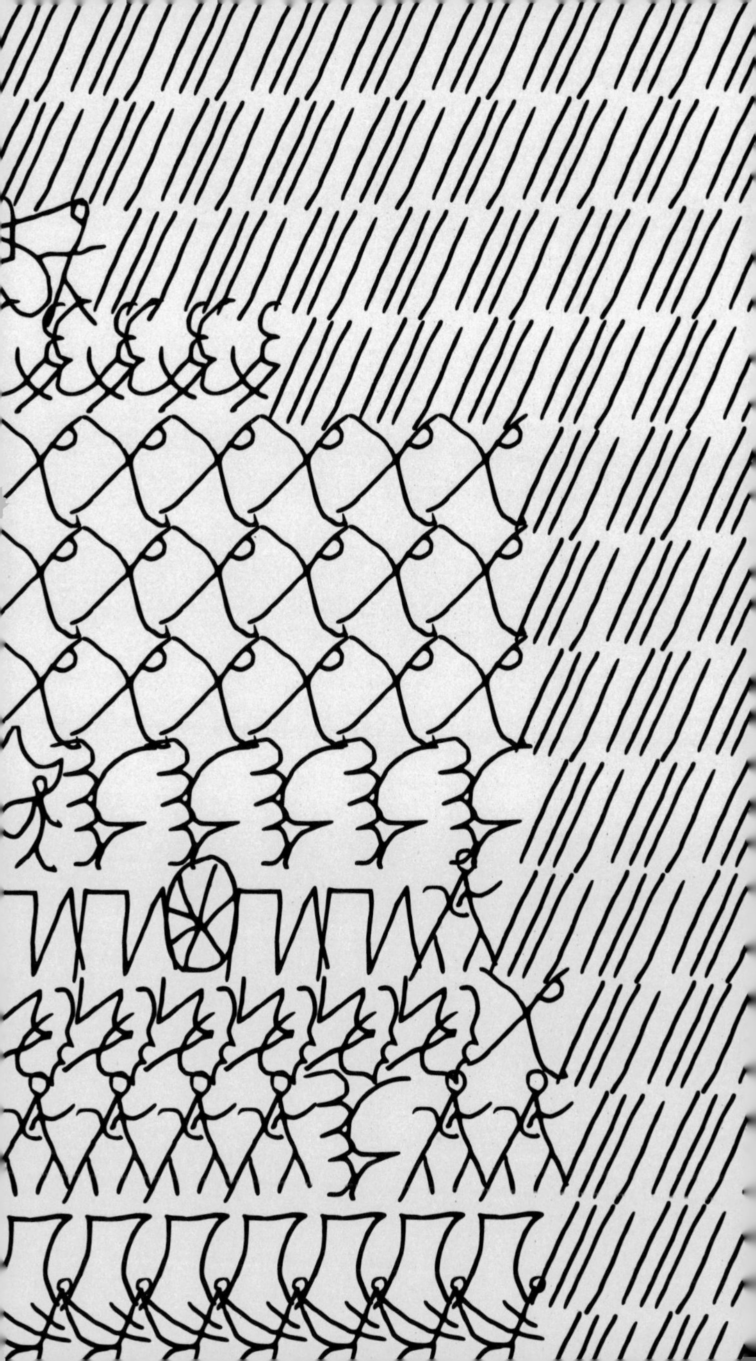

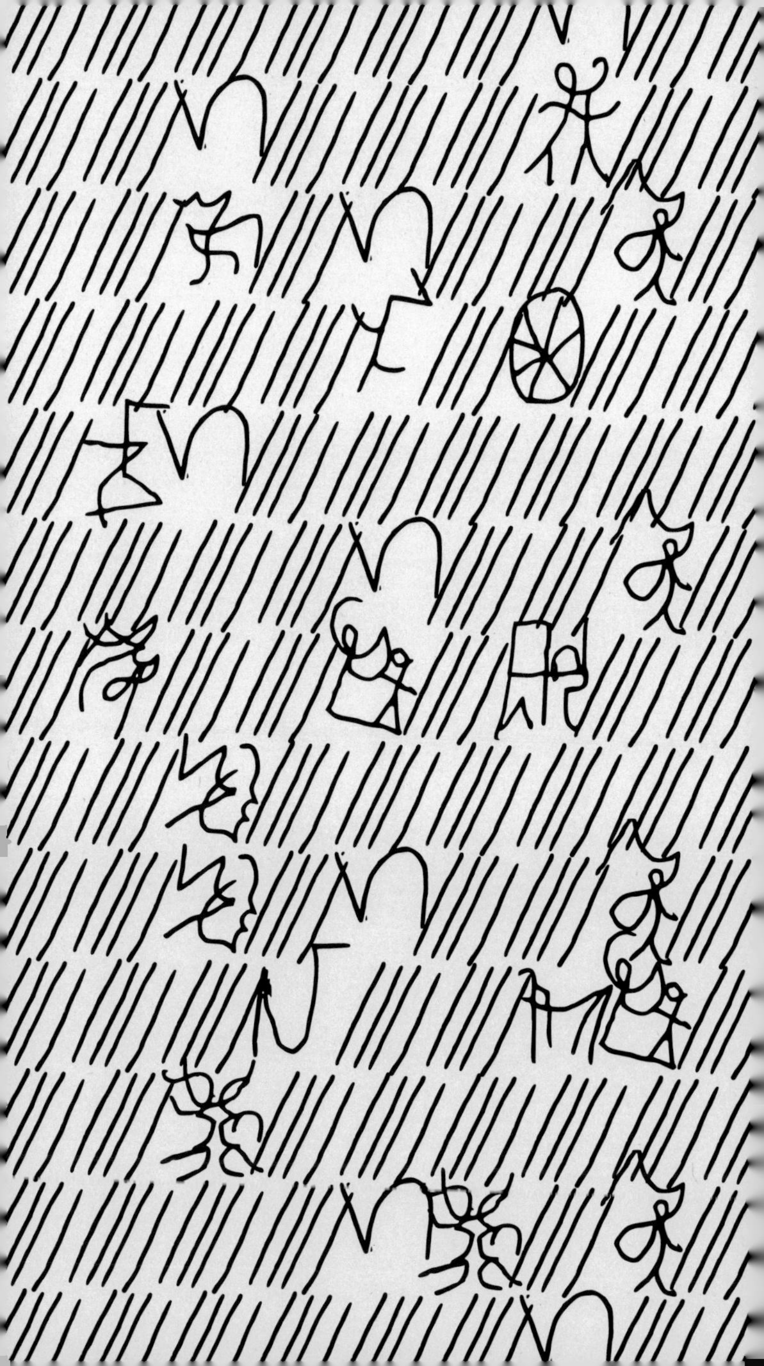

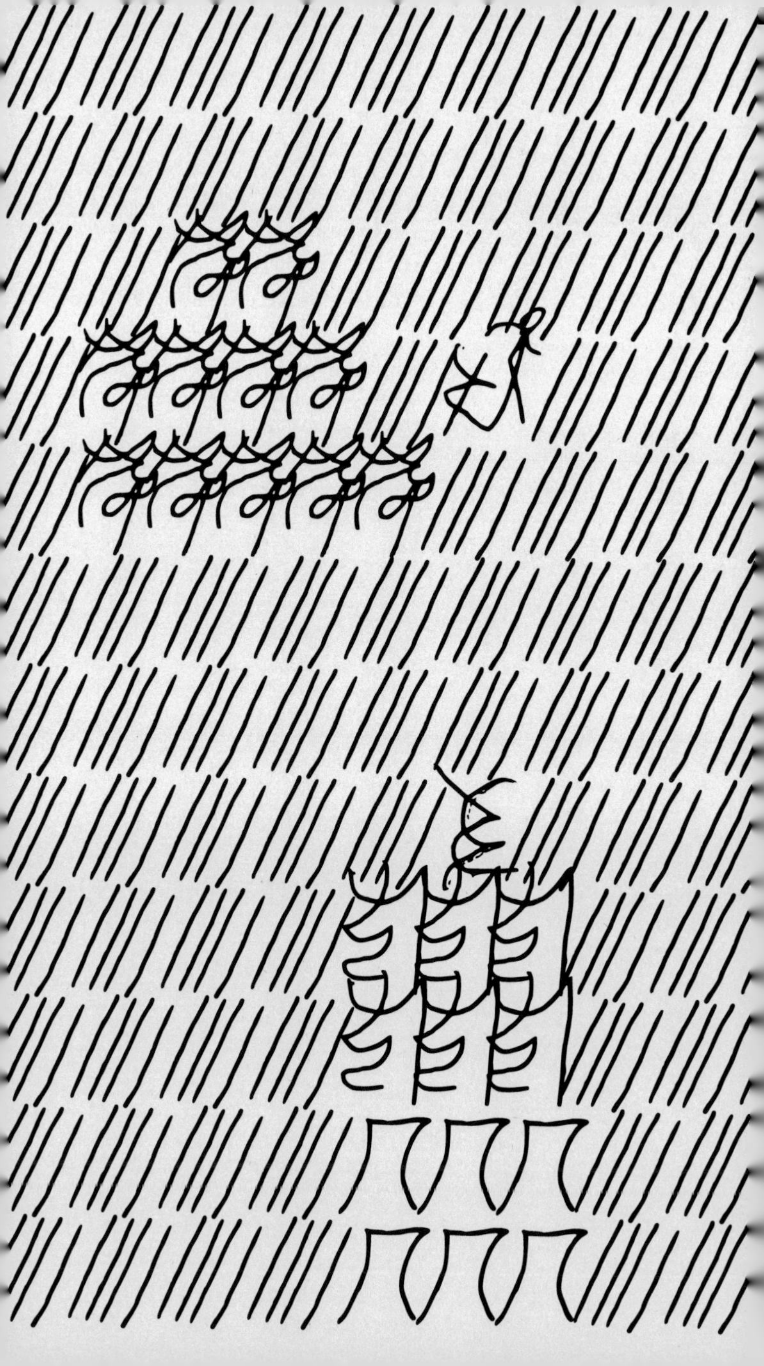

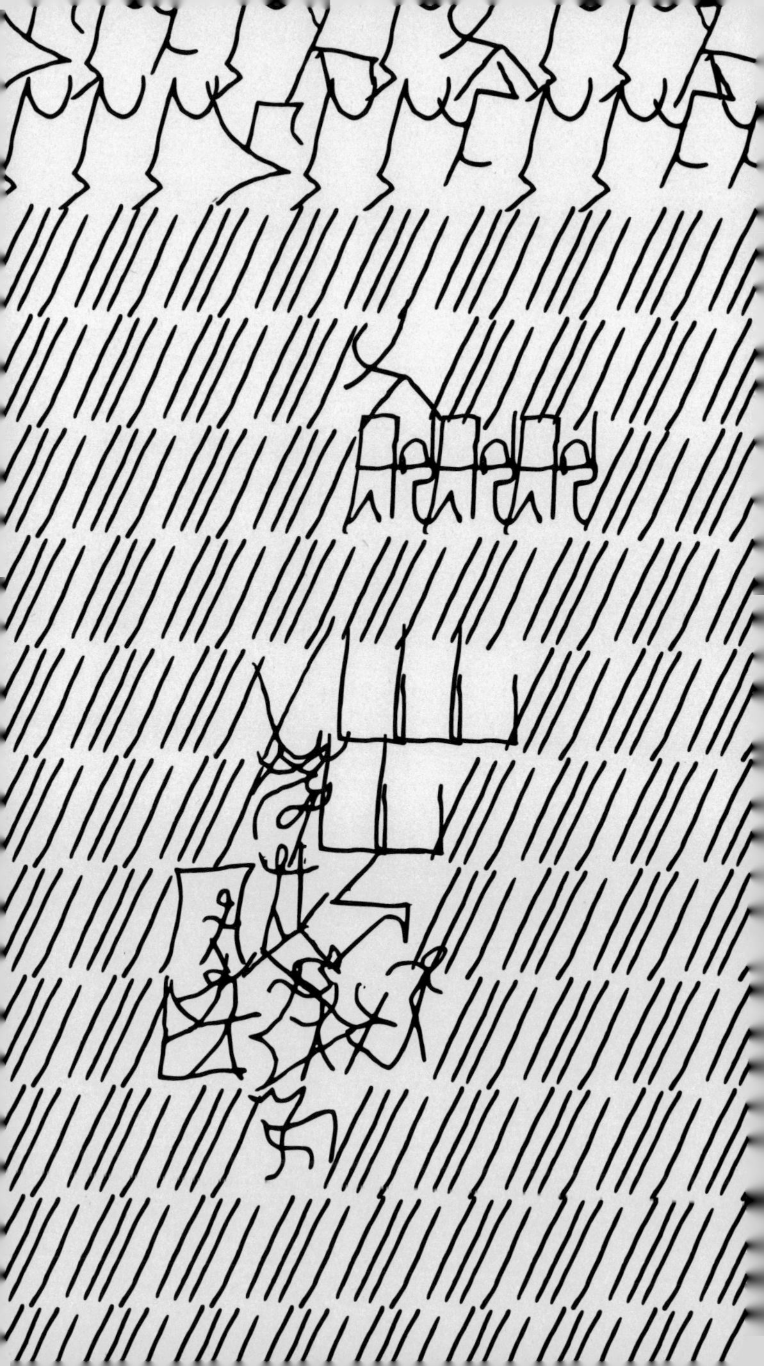

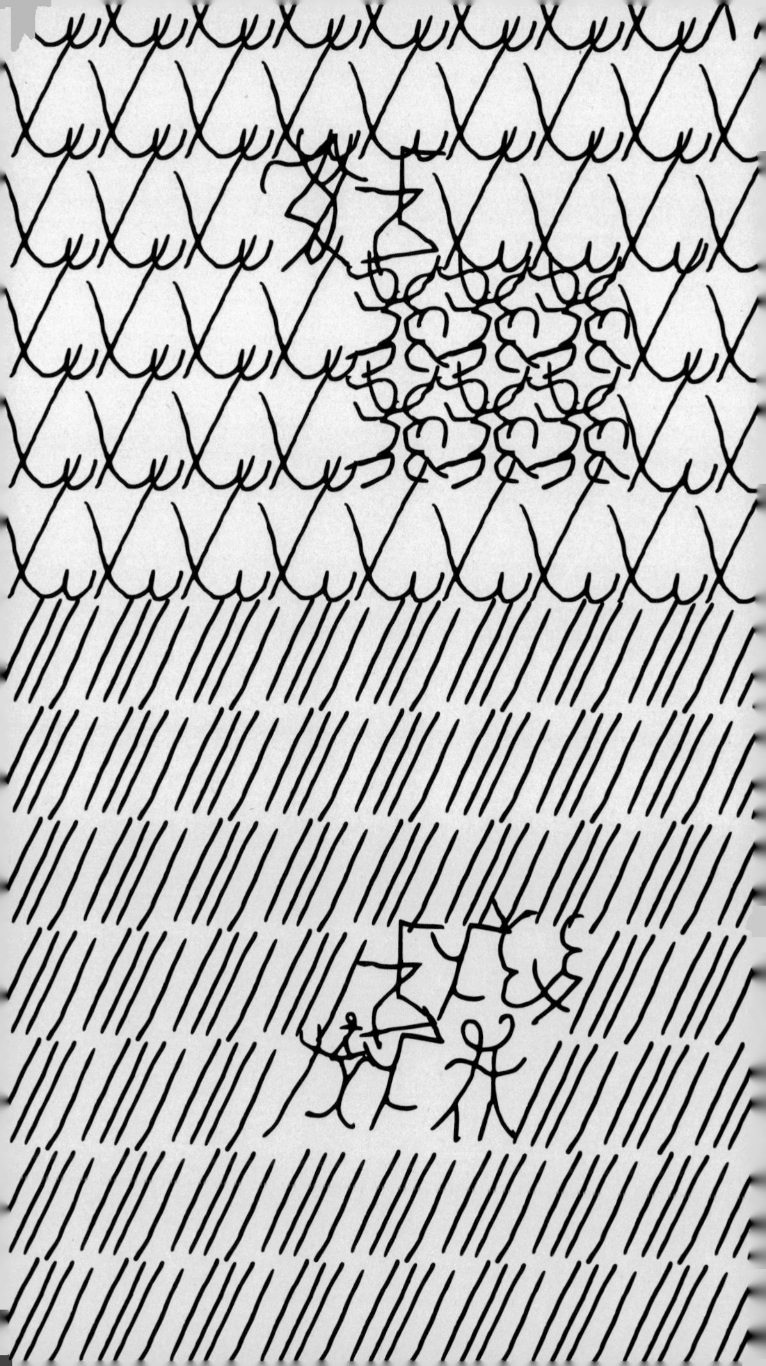

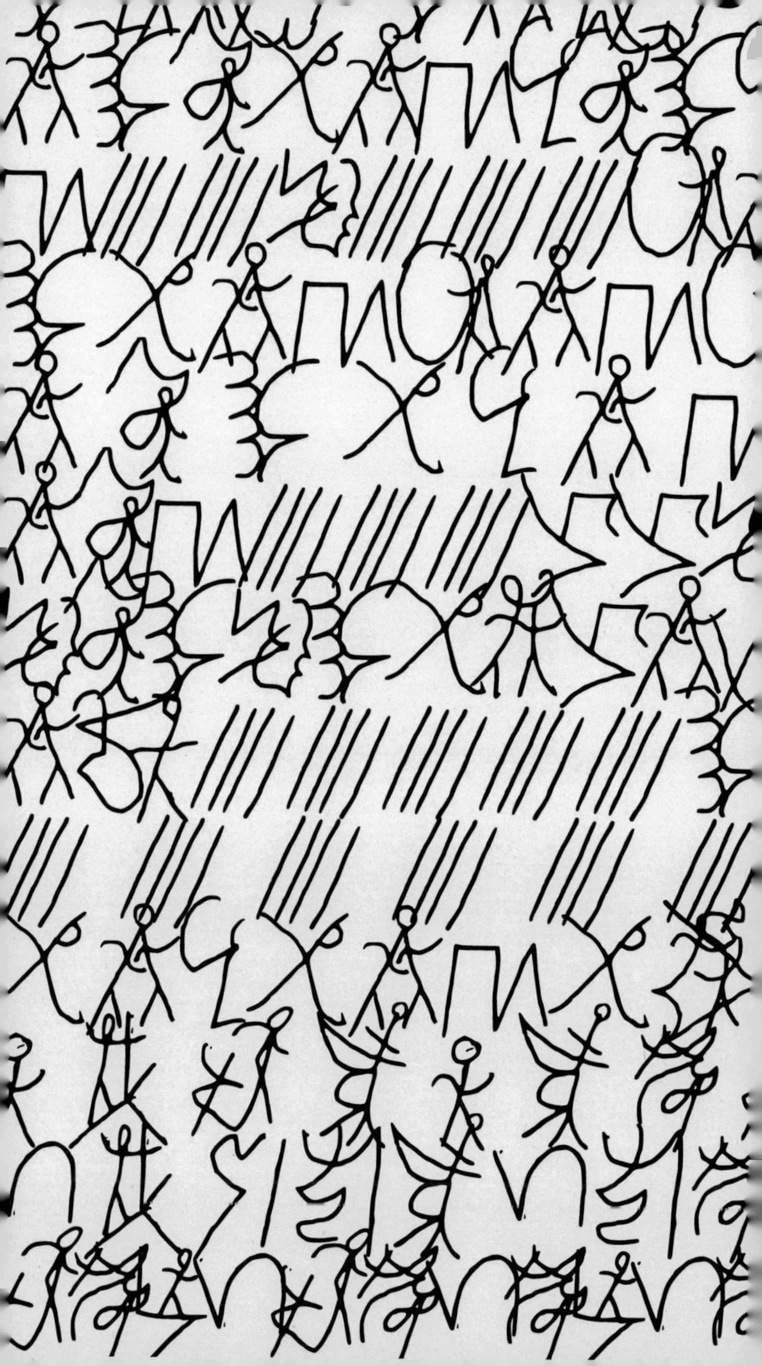

A ideia desta coleção Lampejos foi criar, para cada capa, um alfabeto diferente desenhado pelo artista Waldomiro Mugrelise. Entremear a singularidade dos textos de cada autor à invenção gráfica de um outro léxico e outra sintaxe.

"Todos os viajantes confirmaram: transformar o teclado do computador em mecanismo de fazer desenhos é a melhor solução para este projeto. A invenção de um dispositivo composicional além do léxico, quero dizer, anterior ao léxico, fará o leitor percorrer léguas de insensatas cacofonias, de confusões verbais e repetições que correspondem a idioma algum, por dialetal ou rudimentar que seja. A incoerência (inocorrência?) da palavra resulta em potencialidade gráfica infinita, um campo ilimitado para o desenho. Lucas compõe as capas a partir da tipologia fornecida por Waldomiro. Eu me visto de Waldomiro, diz ele. Ser meio para nenhum fim. As linhas caóticas da mão são capturadas e organizadas em um sistema que produz composições que o artista nunca criaria. Imagem é texto, como bem sabemos. Os livros, por diversos que sejam, constam de elementos iguais: o espaço, o ponto, a vírgula, as letras do alfabeto."

Leopardo Feline

N-1 edições + hedra

Dados Internacionais de Catalogação na Publicação (CIP) de acordo com ISBD

F272c	Favaretto, Celso
	Contracultura, entre a curtição e o experimental / Celso Favaretto. - São Paulo : N-1 edições, 2019.
	142 p. ; 11cm x 18cm. – (Coleção Lampejos ; v.1)
	ISBN: 978-65-81097-03-5
	1. Cultura. 2. Estética. 3. Filosofia. I. Título. II. Série.
2019-1858	CDD 306.0951
	CDU 316.7

Elaborado por Vagner Rodolfo da Silva - CRB-8/9410

Índice para catálogo sistemático:
1. Cultura: Estética: Filosofia 306.0951
2. Cultura: Estética: Filosofia 316.7